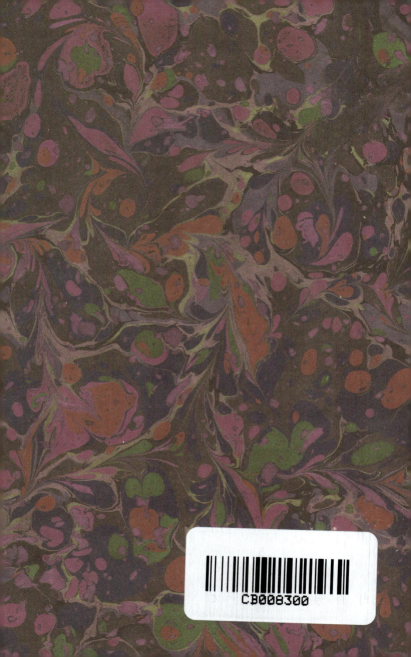

COMO ESCOLHER AMANTES

FUNDAÇÃO EDITORA DA UNESP

Presidente do Conselho Curador
Herman Jacobus Cornelis Voorwald

Diretor-Presidente
José Castilho Marques Neto

Editor-Executivo
Jézio Hernani Bomfim Gutierre

Conselho Editorial Acadêmico
Alberto Tsuyoshi Ikeda
Célia Aparecida Ferreira Tolentino
Eda Maria Góes
Elisabeth Criscuolo Urbinati
Ildeberto Muniz de Almeida
Luiz Gonzaga Marchezan
Nilson Ghirardello
Paulo César Corrêa Borges
Sérgio Vicente Motta
Vicente Pleitez

Editores-Assistentes
Anderson Nobara
Henrique Zanardi
Jorge Pereira Filhos

Coleção
Pequenos Frascos

Benjamin Franklin

Como escolher amantes

Seleção e tradução
Jézio Hernani Bomfim Gutierre

Editora UNESP

© 2006 da tradução Editora UNESP
Poor Richard's Almanack (excertos) et c.
Direitos de publicação reservados à:
Fundação Editora da UNESP (FEU)
Praça da Sé, 108
01001-900 – São Paulo – SP
Tel.: (0xx11) 3242-7171
Fax: (0xx11) 3242-7172
www.editoraunesp.com.br
www.livrariaunesp.com.br
feu@editora.unesp.br

CIP – Brasil, Catalogação na fonte
Sindicato Nacional dos Editores de Livros, RJ

F915c

Franklin, Benjamin, 1706-1790

Como escolher amantes/Benjamin Franklin; [apresentação R. Jackson Wilson, traduzida por Claudia Sant'Anna Martins] tradução Jézio Hernani Bomfim Gutierre. – São Paulo: Editora da UNESP, 2006.
128 p. – (pequenos frascos)

Tradução de: *Poor Richard's Almanack* et c.
Inclui Bibliografia
ISBN 85-7139-719-8

1. Sexo. 2. Casamento. I. Wilson, Raymond Jackson. II. Título. III. Série.

06.4077
CDD 392.6
CDU 392.6

Editora afiliada

Asociación de Editoriales Universitarias
de América Latina y el Caribe

Associação Brasileira de
Editoras Universitárias

Sumário

7 . Apresentação biográfica – R. Jackson Wilson

Franklin "Amoroso"

33 . Como escolher amantes

37 . Regras e máximas para a preservação
da felicidade conjugal

45 . Os doze mandamentos

49 . Os Campos Elísios

53 . As moscas

Franklin "Cientista"

57 . Uma carta à Academia Real

65 . A arte de ter bons sonhos

75 . Diálogo entre a gota e o Sr. Franklin

Franklin "Moralista"

89 . Regras pelas quais um homem de
juízo e saber pode, não obstante,
tornar-se uma companhia desagradável

93 . Modelo de carta de recomendação

95 . Petição de uma irmã gêmea desprezada

99 . Meditações sobre uma caneca

105 . Uma fábula

107 . Auto-epitáfio de um editor

109 . *Poor Richard* – seleção 1733-1758

APRESENTAÇÃO BIOGRÁFICA[*]

A imagem mais conhecida de Benjamin Franklin no mundo de hoje, do capitalismo global, é um retrato que aparece em incontáveis tiras de papel esverdeado, cada uma com 15,6 cm de comprimento e 6,6 cm de largura. Esses pedaços de papel também contêm legendas estampadas: "In God We Trust", "The United States of America" e – mais importante de todas – "ONE HUNDRED DOLLARS".[1] A ilustração fala por si própria: o rosto não mostra nenhum traço de humor – atento, determinado e de boca bem fechada.

Mas a sólida identificação de Benjamin Franklin com o capitalismo não depende de um retrato em

---

[*] Tradução desta apresentação Claudia Sant'ana Martins.
[1] Respectivamente: "Confiamos em Deus"; "Estados Unidos da América" e "CEM DÓLARES".

uma nota de papel-moeda. O teórico social mais famoso do século XX selou essa identificação em um livro memorável e influente, *A ética protestante e o espírito do capitalismo*.[2] Max Weber utilizou Benjamin Franklin como exemplo e modelo do que chamou de "o espírito do capitalismo". Weber reproduziu longos trechos de dois folhetos que Franklin publicou em 1736 e 1748,[3] que ele considerava mostrarem a essência do "espírito" de Franklin. "Tempo é dinheiro", por exemplo. Ou: "O dinheiro possui uma natureza prolífica, geradora. Dinheiro pode gerar dinheiro, e sua prole pode gerar mais". Ou ainda: "Depois do trabalho dedicado e da frugalidade, nada contribui mais para a ascensão de um jovem no mundo do que a pontualidade e a justiça em todos os seus procedimentos". Ou, de

---

2 *Die protestantische Ethik und der Geist des Kapitalismus.* Publicado pela primeira vez nos volumes XX e XXI do *Archiv für Sozialwissenschaft und Sozialpolitik* (1904-1905). As edições e traduções modernas são todas baseadas em uma versão revisada que Weber publicou em 1920, ano de sua morte.

3 *Necessary Hints to Those that Would Be Rich* [Dicas necessárias àqueles que desejam ser ricos] (1736) e *Advice to a Young Tradesman, Written by an Old One* [Conselhos a um jovem comerciante, escritos por um velho] (1748). O "velho" tinha 42 anos.

modo ainda mais tedioso: "O som do teu martelo às cinco da manhã ou às oito da noite, ouvido por um credor, deixa-o tranqüilo por mais seis meses; mas se ele te vir à mesa de bilhar, ou ouvir a tua voz em uma taverna quando deverias estar trabalhando, cobrar-te-á o dinheiro no dia seguinte". Essa era, como resumiu Weber, "a filosofia da avareza". O objetivo central da ética de Franklin era apenas "ganhar mais e mais dinheiro, com a completa rejeição de todo gozo espontâneo da vida".

Uma figura que representa um evangelho tão metódico de trabalho incansável, frugalidade mesquinha e sobriedade puritana provavelmente não será muito atraente para poetas ou romancistas. De fato, tem sido destino de Benjamin Franklin, por dois séculos, ser objeto de reclamações ou alvo de chacotas de considerável variedade de escritores. John Keats, o grande poeta inglês do século XIX, descartou Franklin como "cheio de máximas vis e mesquinhas". Mark Twain, romancista e humorista norte-americano do século XIX, zombava dele. Franklin talvez fosse um hábil escritor, dizia Twain, mas havia "prostituído seus talentos para inventar máximas e aforismos concebidos para infligir sofrimento ... sobre meninos que, de outra forma, poderiam ser felizes". O crítico literário norte-americano Van Wyck Brooks cunhou, em 1914, uma distinção famosa (e simplista) entre culturas *high brow*, ou de elite, e *low brow*, ou de massa, nos Estados Unidos. Para Brooks, Franklin era o maior defensor da cultura de massa, com seu "oportunismo de cata-centavos" e sua "sabedoria bidimensional".[4]

A condenação mais veemente a Franklin surgiu em 1924 na voz do grande romancista inglês D. H. Lawrence. Lawrence lembrou-se de, quando menino, ter recebido lições de sabedoria "puritana": "A honestidade é a melhor política". Ou: "Não conte com o ovo antes de a galinha botar". "O autor dessas máximas era *Poor Richard*, e *Poor Richard* era Benjamin Franklin, escrevendo na Filadélfia mais de cem anos atrás. Provavelmente não superei ainda essas máximas do *Poor Richard*. Elas são como

---

4 Apenas uma sabedoria "bidimensional" pode ser expressa em uma nota de papel bidimensional, é claro. Assim, é uma ironia menor, mas reveladora, que a primeira vez que o retrato de Franklin apareceu na nota de CEM DÓLARES nos Estados Unidos foi em 1914 – o mesmo ano em que Brooks publicou sua "análise" da dicotomia *high-brow/low-brow* na cultura norte-americana.

espinhos em carne jovem ... Não vou me deixar transformar em um pequeno autômato virtuoso como Benjamin gostaria que eu fosse". Franklin, sentenciava Lawrence, era apenas um "homenzinho cinza ... Não gosto dele".[5]

Mas para cada pensador ou escritor que não gostava de Benjamin Franklin, havia centenas de outras pessoas que o adoravam e achavam ser ele a perfeita fonte de sabedoria sobre como progredir no mundo. Sobretudo no final do século XIX – que alguns norte-americanos ainda chamam de "Idade Dourada"* –, Franklin era um nome influente. Capitalistas bem-sucedidos de todos os naipes atri-

---

5 A crítica de Lawrence a Franklin está em seus *Studies in Classic American Literature* [Estudos de Literatura Norte-Americana Clássica] (1923). "Poor Richard" é o pseudônimo sob o qual Franklin publicou o seu *Poor Richard's Almanack*, de 1732 a 1757. Ao menos parte do ressentimento de Lawrence era mal direcionada. A máxima de que a honestidade é a melhor política está no *Dom Quixote* de Cervantes (ironicamente), e o alerta sobre não contar com o ovo antes de a galinha botar está na fábula da leiteira, de Esopo.

* *The Gilded Age* – termo cunhado por Mark Twain e Charles Dudley Warner em seu livro *The Gilded Age: A Tale of Today* (1873) para distinguir entre uma verdadeira "Idade do Ouro" (Golden Age) e uma idade que seria "pintada a ouro". (N.T.)

buíam-lhe a origem de sua riqueza. Querendo acreditar – ou, pelo menos, que os outros acreditassem – que sua riqueza era resultado de seu caráter virtuoso e trabalho árduo, eles costumavam dizer que a leitura da autobiografia de Franklin os colocara no caminho do sucesso. Um exemplo bastante típico era Thomas Mellon, que iniciou a vida como filho de fazendeiro e se tornou um dos homens mais ricos da América. "Encaro a leitura da *Autobiografia* de Franklin como um divisor de águas em minha vida", afirmou.

> Lá estava Franklin, um homem mais pobre do que eu que, por meio do trabalho perseverante, da parcimônia e da frugalidade se tornara culto e sábio e alcançara a riqueza e a fama ... As máximas do "*Poor Richard*" se adequavam perfeitamente a meus sentimentos. Reli o livro diversas vezes.

Curiosamente, os sofisticados detratores de Franklin e seus inocentes discípulos têm muito em comum. Ambos encaram-no como o profeta do lucro, o pregador de um enfadonho evangelho do trabalho, da frugalidade, da pontualidade e da sobriedade – e até mesmo da castidade –, uma ética ciosa de cada centavo, constitutiva do "espírito do capitalismo". Mas tanto os críticos quanto os discípulos o vêem sob essa luz porque sua representação de Franklin é um esboço extremamente simplificado, extraído de uma leitura muito parcial e inocente de sua obra. Os leitores que vão além de uma leitura superficial de sua autobiografia, ou de um ou dois breves ensaios sobre como enriquecer, logo descobrem um homem talentoso, culto e totalmente aberto ao "gozo espontâneo da vida", citado por Weber. E, como se isso não bastasse, descobrem também um escritor que pode, ocasionalmente, ser bastante vulgar e – com mais freqüência e só para se divertir – escrever encantadoramente e com um humor refinado.

* * *

Os textos apresentados neste livro são uma pequena amostra desse encanto e humor, o vulgar e o refinado. Exemplificam um tipo de escrita que Franklin produziu desde quando era um jovem de dezesseis anos até chegar à casa dos oitenta. Esses textos teriam, com certeza, surpreendido Max Weber ou chocado um capitalista devoto como Thomas Mellon. Mas eles dão vida ao perfil convencional de Franklin, na verdade trazem-no para o "gozo espontâneo da vida", de Weber. Com efeito, ensejam àquele retrato na nota de cem dólares abrir um sorriso zombeteiro e permitir-se uma rápida e confiante piscadela.

O neto de Franklin, que passou a cuidar de seus textos após a morte dele aos 84 anos, achava "Como escolher amantes" (p.13) – ou "Conselho a um jovem sobre como escolher amantes" – tão escandaloso que o eliminou. Durante quase um século, o ensaio foi mantido longe do público por vários editores ou compiladores das obras de Franklin. Foi escrito em 1745 em uma forma que Franklin adotava com freqüência, o pseudo-solene. É claro que não havia nenhum "jovem", apenas um personagem ficcional que supostamente pedira a Franklin conselhos sobre como lidar com "violentas inclinações pessoais". O remédio adequado, diz-lhe Franklin solenemente, seria o casamento.[6] Mas se o "jovem" insiste em não se casar e "considera inevitável o inter-

---

6 Os leitores do século XVIII reconheceriam de imediato uma referência irônica à frase de São Paulo "é melhor casar do que se abrasar". Teriam percebido de modo igualmente rápido que Franklin se referia a uma terceira possibilidade.

câmbio com o outro sexo", então o único remédio para essas violentas inclinações é arranjar uma amante. Assim, Franklin oferece a ele uma série de razões numeradas (inclusive uma "científica") por que "em qualquer de seus trânsitos amorosos, deves preferir mulheres velhas às jovens". Ele reserva, contudo, uma razão final, não-numerada, como conclusão da piada. O ensaio é um lembrete de que o próprio Franklin confessou seu "intercâmbio" com o que chamava de "*mulheres vulgares*",* e cujo primeiro filho, a quem acolheu em sua família, era ilegítimo.[7]

Essa família foi formada em 1730, quando Franklin tinha 24 anos, por Franklin e uma mulher chamada Deborah Read. Os dois nunca se casaram legalmente, mas viveram e trabalharam juntos por mais de quarenta anos. Fazia apenas sete anos que Franklin, com dezessete anos, fugira de sua nativa Boston, na colônia de Massachusetts, para a Filadélfia, na colônia da Pensilvânia. Ainda assim, com

---

*   *Low women*. (N.T.)

7   Tanto esse filho como o filho deste filho produziriam, por sua vez, filhos ilegítimos. O "gozo espontâneo da vida" de Max Weber parece ter feito parte do DNA de Franklin.

BENJAMIN FRANKLIN

a ajuda de novos amigos, conseguira comprar um jornal, *The Pennsylvania Gazette*, em 1729. Três anos mais tarde ele lançaria o *Poor Richard's Almanack,* que continuaria a escrever e publicar por um quarto de século.

Agora, munido de uma esposa (por assim dizer), um filho (talvez mais do que ele desejasse) e de um negócio próprio (ainda não tão próprio quanto desejava), sentiu-se em condições de sugerir "Regras e máximas para a preservação da felicidade conjugal" (p.37), que publicou na *Gazette* em 1731. O humor do ensaio origina-se, em parte, da aparente solenidade com que ele sugeria as suas "regras e máximas", mas também da decisão de propor essas regras e máximas apenas às mulheres – tanto às já casadas e ansiosas por conservarem o marido quanto às "viúvas e solteironas" ansiosas por obterem um. Era às mulheres, e não aos homens, que ele apelava para fazerem concessões, para serem sempre gentis e amáveis e para começarem cada dia com uma firme resolução de serem sempre (e ele escolheu pessoalmente insistentes itálicos e grandes e imperiosas maiúsculas como tipo) *"agradáveis"* e "JOVIAIS" – "especialmente em relação a teu esposo", acrescentava ele. Deborah Read Franklin –

apesar de seu nome de solteira* – nunca foi de ler muito, e não temos como saber de que modo ela teria encarado essa "regra" em especial.

O adorável texto de Franklin sobre "Os doze mandamentos" (p.45) foi escrito em 1778, quando ele estava vivendo na elegante vila de Passy – agora parte de Paris, mas então localizada aproximadamente na metade do caminho entre a cidade e o palácio de Versalhes. Franklin estava na França como representante das colônias norte-americanas que haviam-se rebelado contra a Inglaterra, e sua tarefa diplomática era obter apoio material para a Revolução Americana, então em seu segundo ano. Acabou efetivamente conseguindo que os franceses enviassem dinheiro, suprimentos e uma grande frota de navios de guerra para ajudar os norte-americanos. Mas também achou bastante tempo para cultivar relacionamentos íntimos com intelectuais (entre eles Voltaire) e com famílias francesas aristocratas e sofisticadas – especialmente com as mulheres. Uma das mais íntimas dessas amizades foi com uma vizinha em Passy, uma mulher esbelta, com talentos musicais, de 33 anos, mãe de três filhos,

---

* *Read* significa "ler" em inglês. (N.T.)

casada com um homem de 54 anos, gorducho e rico. Madame Brillon de Jouy relatou, certa vez, seu "doce hábito" de sentar-se ao colo de Franklin, e sua amizade foi tema de muitas fofocas – embora seja quase certo que nunca tenha ido além de uma *amiteé amoureuse.*

Franklin certa vez desafiou Mme. Brillon a salvar-lhe a alma. Ela lhe escreveu, graciosamente, que se ele apenas amasse a Deus, à América e a ela – nessa ordem, é claro – perdoar-lhe-ia todos os seus pecados, não só os passados, mas os presentes e os futuros. Passou a listar, então, os sete pecados capitais, mas quando chegou ao sétimo – a luxúria –, disse que não o nomearia. Disse saber que Franklin, como todos os "grandes homens", fora maculado por ele.

Em sua réplica, Franklin mudou o assunto dos sete pecados mortais para os Dez Mandamentos. A esses, disse ele, deviam ser acrescentados dois outros: "Crescei, multiplicai-vos e povoai a Terra" e "Amai uns aos outros". (Maliciosamente, comentou que a ordem desses dois deveria ser invertida.) Confessou, então, que transgredia constantemente o mandamento de não cobiçar a mulher do próximo – sobretudo quando estava com Mme. Brillon.

Quão seriamente Franklin, aos 72 anos de idade, "cobiçava" Mme. Brillon? Jamais saberemos, e provavelmente nem ele mesmo soubesse ao certo na época. Mme. Brillon puxou o freio, contudo, sugerindo que talvez também "cobiçasse", mas jamais concretizaria seu anseio. "Talvez", replicou ela, "não haja grande dano quando um homem tem desejos e cede a eles; já uma mulher pode ter desejos, mas não deve ceder." Algum tempo depois, ela o aconselhou a "engordar" – engravidar – alguma outra mulher, já que ela própria era "magra demais" para seu "voraz apetite".

Outra das mulheres de amigos ricos de Franklin era Madame Anne-Catherine Helvétius. Madame Helvétius nascera em uma família aristocrática decadente, mas se casara com um dos homens mais ricos da França. Depois que ele morreu, ela comprou um retiro campestre em uma vila perto de Passy, onde era anfitriã de um dos mais famosos salões intelectuais da França. Franklin logo se tornou parte de seu círculo e não demorou muito a se tornar seu centro real.

Para ela, Franklin escreveu "Os Campos Elísios" (p.49). Formalmente, pelo menos, tratou-se de outro pedido de casamento. Novamente pergunta-se:

foi isto dito a sério? E, mais uma vez, ninguém sabe, talvez nem mesmo o próprio Franklin. A carta, escrita poucos meses após a carta a M$^{me.}$ Brillon, é a história de um sonho que Franklin afirmou ter tido depois que M$^{me.}$ Helvétius lhe contou que jamais se casaria de novo, em respeito ao falecido esposo. No sonho, Franklin morrera e fora para o céu. Quando lhe perguntaram se havia alguém que ele desejava encontrar, respondera: "filósofos". Apontaram-lhe dois, Sócrates e "H". Como falava um pouco de francês e nada de grego, Franklin pedira para falar com "H" em vez de Sócrates. Assim, Franklin descobriu que esse "H" se casara de novo, mas a verdadeira surpresa acabou sendo a mulher que ele escolhera para sua parceira celestial. A lógica do sonho era clara para ele. Se "H" não havia permanecido fiel a Madame Helvétius, não devia ela sentir-se livre de sua lealdade à memória dele? Nada resultou dessa "proposta".

"As moscas" (p.53) é outra carta em forma de proposta de casamento escrita a M$^{me.}$ Helvétius, provavelmente em 1784. A forma escolhida é a de uma "mensagem" das moscas que viviam na casa de Franklin. Elas haviam comido bem, bebido bastante ponche, dançado e consumado seus amores, bem embaixo do nariz dele. (Nada de trabalho árduo ou sobriedade para elas. Em vez disso, o "gozo espontâneo da vida".) Franklin, contudo, havia sido desleixado e permitido que aranhas construíssem suas traiçoeiras teias nas paredes. Mas Mme. Helvétius ordenara a Franklin, como se faz com um menino preguiçoso, que limpasse a sala. Agora as aranhas haviam-se ido e as moscas estavam desfrutando da vida outra vez. Elas tinham apenas um desejo ainda não realizado: ver duas famílias, a de Franklin e a de Mme. Helvétius, unidas em uma só, de modo que pudessem fazer seu feliz *bzzzzzzzz* em apenas uma casa em vez de em duas.

Em 1748, aos 42 anos de idade, Franklin decidiu que era rico o bastante para se aposentar como editor. Continuou a redigir o *Poor Richard's Almanack*, mas agora tinha tempo para se dedicar a outros interesses. Entre eles, suas experiências inovadoras sobre a natureza da eletricidade. Seus ensaios sobre essas experiências o tornaram ainda mais famoso na Inglaterra e na França do que havia-se tornado nas colônias norte-americanas como *Poor Richard*. Quando foi à Inglaterra para atuar como lobista pelo parlamento colonial da Pensilvânia, em 1757, já havia sido eleito membro da Sociedade Real de

Londres, a instituição científica de maior prestígio no mundo. Na Inglaterra, Franklin cultivou amizades com outros cientistas, entre os quais Joseph Priestly, conhecido sobretudo por seus estudos sobre a natureza do ar e dos gases em geral.

Entretanto, a reputação de Franklin como cientista sério não o impediu de escrever uma hilariante pseudocarta à Academia Real de Bruxelas, "Uma carta à Academia Real" (p.57), para que promovesse um estudo de métodos para tornar as flatulências humanas agradáveis ao olfato como perfumes. Esperava que Priestly aprovasse, já que não apenas estudara o ar, como também era capaz de "se dar ares". (No ensaio, obviamente, o significado de "ares" era bem claro.) Franklin considerou a possibilidade de mandar traduzir sua "proposta" para o espanhol, mas voltou atrás. O texto, segundo ele, era grosseiro demais para os "leitores polidos" dos países de língua espanhola.[8]

Em Passy, Franklin escreveu uma segunda paródia pseudocientífica, desta vez sobre "A arte de ter bons sonhos" (p.65). Depois de descrever em

---

8 O editor espera que os leitores de língua portuguesa sejam menos delicados.

elaborados detalhes diversas medidas "científicas" para afastar os pesadelos, encerrou o ensaio introduzindo um pré-requisito engraçadamente não-científico para sonhos agradáveis, um fecho de ouro semelhante ao final de seu conselho sobre como escolher uma amante.

Duas das causas dos sonhos desagradáveis, sugeriu Franklin, eram o exagero na comida e uma vida de luxúria. No entanto, ele sabia que um padrão de vida elevado podia ter conseqüências ainda mais graves, inclusive a gota de que sofria desde que envelhecera. Quando jovem, ele gostava de cerveja. Ao amadurecer, passara a gostar ainda mais do vinho e do ponche. E sempre adorara comer. O resultado era bastante doloroso, mas ele o enfrentou com humor no "Diálogo entre a gota e o Sr. Franklin" (p.75), escrito em Passy aos 74 anos.[9]

---

9 O Diálogo entre Franklin e a gota foi uma resposta à Mme. Brillon, que lhe enviara um poema que dizia, em acusação, "*Moderação – diz a Gota, incisiva – / Não é, das tuas virtudes, a mais viva / Amas a mesa e co'as moças falar / Jogas xadrez em vez de caminhar*" (*Moderation, dear Doctor, said the Gout / Is no virtue for which you stand out. / You like food, you like ladies' sweet talk, / You play chess when you should walk.*")

Muitos anos antes, na voz do *Poor Richard*, ele havia alertado: "Sê temperado no vinho, no comer, nas moças e no vestir, / Senão a Gota irá te atacar e punir". Agora a gota voltara para atacá-lo e puni-lo e, no "Diálogo", ela também arruína seu "bom nome" declarando ao mundo todo ser ele guloso e beberrão.

Franklin gostava não apenas de boa comida e bebida, mas também de boa companhia. Quando jovem, já começara a buscar regras sistemáticas de comportamento que pudessem lhe granjear amigos e popularidade. Em "Regras pelas quais um homem de juízo e saber pode, não obstante, tornar-se uma companhia desagradável" (p.89), que Franklin publicou na *Pennsylvania Gazette*, em 1750, ele inverteu essa prática e forneceu instruções bastante detalhadas sobre como se tornar um chato. Franklin teve várias companhias desagradáveis depois de chegar à França para trabalhar em prol da aliança que viria a desempenhar um papel tão importante na Revolução Americana. Ele era abordado por homens a quem jamais vira e os quais planejavam ir para a América. Todos queriam cartas de recomendação. Franklin respondeu a esse aborrecimento como respondeu à gota: com humor. Redigiu o "Modelo de carta de recomendação" (p.93). A carta podia ser escrita em favor de qualquer estranho a respeito do qual Franklin não sabia absolutamente nada, já que também não pedia que nada fosse feito e nenhum tratamento preferencial fosse dado.

Franklin sabia muito sobre tratamento preferencial, tanto quanto de rivalidades entre irmãos e maus-tratos. Quando era apenas um menino de nove anos, tornou-se aprendiz de seu irmão James, tipógrafo em Boston. O irmão mais velho o tratava mal, na opinião de Franklin, tão mal que ele se sentiu forçado a fugir de casa aos dezessete anos de idade, seguir para a Filadélfia e começar uma vida nova. A "Petição de uma irmã gêmea desprezada" (p.95) foi outro dos textos de Franklin escrito em Passy. Nele, Franklin apresenta as queixas pseudo-piedosas de uma mulher que insiste em que sua família sempre deu preferência à irmã gêmea – apesar do fato de elas terem a mesma aparência. Queixa-se de que sequer lhe ensinaram a escrever, quanto mais a desenhar ou a costurar – atividades costumeiras das damas respeitáveis na época. Só na assinatura da petição Franklin revela a real causa do tratamento desigual das gêmeas.

O mesmo uso brincalhão do pseudopiedoso possibilitou a Franklin preencher uma coluna da

Pennsylvania Gazette em 1733 com longas "Meditações sobre uma caneca" (p.99). A inocente caneca, como a infeliz irmã gêmea, foi submetida a uma vida de tormentos e maus-tratos. E isso apesar do fato de essa caneca prestar serviços muito úteis – como fornecer aos homens cerveja, cerveja forte, rum, ponche e grande variedade de outras bebidas alcoólicas refrescantes. (Franklin certa vez sugeriu que a melhor prova da bondade de Deus era o cotovelo: Deus dispôs o cotovelo cuidadosamente no meio do braço, o que permite que o homem levante um copo de vinho aos lábios. Para as miseráveis criaturas destinadas a beber água em vez de vinho, Ele deu quatro pernas e pescoços longos, para que pudessem se inclinar para beber nos rios e lagos.)

Franklin escreveu muitas paródias desse tipo sobre temas bíblicos e religiosos, inclusive a breve "Uma fábula" (p.105), escrita em Passy por volta de 1779. Nela, um rico oficial que estava muito enfermo e não pertencia "praticamente a nenhuma religião" é visitado por seu pároco. O padre insiste em que o homem confesse, para que possa entrar no Paraíso. Mas o homem diz que já está em paz com Deus, pois teve uma visão de sua chegada ao Céu. Nessa visão do Céu, provavelmente próxima à de

Franklin, "praticamente nenhuma religião" é suficiente. Certa vez Franklin disse, na voz do *Poor Richard*, que os homens cometem dois tipos de erros: o de não terem nenhuma religião ou o de terem demais. Quanto aos padres e pregadores, dizia o *Poor Richard*, "ninguém prega melhor do que a formiga, e ela não diz nada". O próprio Franklin era um deísta muito tíbio, que não valorizava a compreensão literal das Escrituras, mas valorizava muito a tolerância religiosa.

Quanto à morte e à questão da vida após a morte, Franklin também as encarava com bom humor. Quando tinha 22 anos e tentava iniciar a vida na Filadélfia, ele redigiu um "Auto-epitáfio de um editor" (p.107). Era apenas uma contribuição para uma competição em que os membros do clube que ele fundara redigiam epitáfios sério-cômicos para si próprios. Mas Franklin o considerou digno de ser reproduzido em sua autobiografia, meio século depois.

As pessoas que acham que o *Poor Richard* (p.109) continha a "sabedoria" pessoal e séria de Benjamin Franklin estão enganadas em vários aspectos. A sabedoria não era nem muito pessoal nem muito séria. Richard Saunders não era Benjamin Franklin, mas uma criação literária, uma persona. E, apesar de toda a sua conversa de que "Ir para a cama cedo e acordar cedo / Da saúde, riqueza e saber é o segredo", Richard era, confessamente, um homem "pobre". Até seu pseudônimo contém uma piada oculta, oximorônica, pois ele é "Poor Rich-ard".* E sua "sabedoria" não é a de Franklin, também. Franklin fez Richard Saunders confessar, no último número do Almanaque, que "nem uma décima parte da sabedoria era realmente minha". Até a máxima mais famosa de todas, a "Ir para a cama cedo", fora publicada cem anos antes em um almanaque inglês. O que possibilitou a *Poor Richard* sair vitorioso sobre diversos almanaques concorrentes na época não era, na verdade, uma "sabedoria" original. Seus provérbios eram, como disse o próprio Franklin, nada mais que uma compilação da "sabedoria de muitas épocas e nações". Eram próximas aos ditados do povo e dificilmente se pode dizer que tivessem autores. O que é cativante nelas não é, realmente, a "sabedoria", e sim o modo conciso e habilidoso como seus provérbios são lançados em fábulas, aforismos ou dísticos fáceis de memorizar.

---

* *Poor* é pobre em inglês, e *rich* é rico. (N.T.)

O que distinguia o Almanaque do *Poor Richard* de todos os demais era exatamente o dom extraordinário de Franklin como um refinado artista da prosa e humorista, um homem muito aberto ao "gozo espontâneo da vida".

R. Jackson Wilson
Professor Emeritus
Smith College

Franklin "amoroso"

COMO ESCOLHER AMANTES

Caro amigo,

Não sei de nenhum medicamento capaz de atenuar as violentas inclinações pessoais a que fazes menção; e, se o soubesse, creio que não deveria prescrever-te. O casamento é o remédio adequado. É a mais natural condição do homem e, portanto, o estado em que mais provavelmente encontrarias sólida felicidade. Não me parecem bem fundadas as tuas razões contrárias a que abraces isso imediatamente. As vantagens circunstanciais que te traria um adiamento são não apenas incertas, mas pequenas em comparação à coisa em si, o *estar casado e assentado*. São o homem e a mulher unidos que fazem o completo ser humano. Se separados, dele ela almeja a pujança do corpo e força da razão; e, dela, ele cobiça a suavidade, a sensibilidade e o agudo discernimento. Juntos, são mais capazes de vencer no mundo. Um homem solteiro não tem nem de longe o valor que ostenta sob o estado conjugal. Ele é um animal incompleto. Assemelha-se a uma das lâminas de uma tesoura. Caso adquiras uma esposa prudente e saudável, tua indústria em tua profissão, aliada à boa economia que tua mulher exercerá, serão suficientes para a obtenção da fortuna.

No entanto, caso não sigas esse conselho e persistas em considerar inevitável o intercâmbio com o outro sexo, aí, então, repito meu conselho anterior, segundo o qual em qualquer de seus trânsitos amorosos deves *preferir mulheres velhas às jovens.* Chamas a isto um paradoxo e demandas minhas razões para sustentá-lo. Ei-las:

1. Porque por possuírem mais conhecimento do mundo e por serem suas mentes mais fornidas de observações, sua conversação é mais edificante e mais duradouramente agradável.

2. Porque quando as mulheres deixam de ser formosas, procuram ser boas. Para manter sua influência sobre os homens, compensam a diminuição da beleza com o aumento da utilidade. Aprendem a desempenhar mil ta-

refas, pequenas e grandes, e, caso adoeças, são os mais gentis e solícitos de todos os amigos. Continuam então amáveis. Portanto, difícil é existir uma mulher velha que não seja também uma boa mulher.

3. Porque não há o contratempo dos filhos que, irregularmente concebidos, podem acarretar grandes inconvenientes.

4. Porque dada a maior experiência que têm, são mais prudentes e discretas ao promover um caso amoroso de modo a evitar suspeitas. O comércio com elas é, portanto, mais seguro no que toca à tua reputação. E, em relação à dela, caso o *affaire* venha a ser conhecido, pessoas ponderadas tendem a desculpar uma mulher velha que, com gentileza, cuida de um homem jovem, molda suas maneiras conforme bons conselhos e evita que ele arruíne a saúde e a fortuna com prostitutas mercenárias.

5. Porque em todo animal que anda ereto, a deficiência dos fluidos que preenchem os músculos aparece primeiro nas seções superiores: de início, a face torna-se encovada e enrugada; vem então o pescoço, chega a vez dos seios e dos braços; as seções inferiores

continuam até o fim sempre viçosas. De tal forma que, em se cobrindo toda a parte de cima com uma cesta e considerando-se apenas aquilo que vem abaixo da cintura, é impossível que se distinga, entre duas mulheres, a velha da jovem. Além disso, como no escuro todos os gatos são pardos, o prazer ou deleite corpóreo com uma mulher velha é ao menos igual, e freqüentemente superior, posto que a prática é capaz de aperfeiçoar toda destreza.

6. Porque o pecado é mais venial. A violação de uma virgem pode significar sua ruína e tornar-lhe a vida miserável.

7. Porque a compunção é menor. Tornar *miserável* uma jovem pode evocar-te amargas reflexões, nenhuma das quais seria associada ao ato de tornar *feliz* uma mulher madura.

8. Oitava e última. Elas ficam *tão gratas*!

15 de junho de 1745

REGRAS E MÁXIMAS PARA A PRESERVAÇÃO DA FELICIDADE CONJUGAL

Ver novum, ver jam canorum, vere natus Orbis est:
Vere concordant amores, vere nubent alites.[1]

Catulo

Felices ter, et amplius,
Quos irrupta tenet Copula: nec malis
Divulsis Querimoniis
Suprema citius solvet amor die.[2]

Horácio

---

1 (É primavera, a primavera canta, nela nasceu o Mundo/ Na primavera o amor aceita ao amor e nela os pequenos pássaros se unem) Este é um trecho do poema latino *Pervigilium Veneris*, usualmente atribuído, à época de Franklin, a Catulo. A crítica contemporânea sustenta que foi provavelmente criação de Floro (século II) ou de Tiberiano (século IV).

2 "Três vezes e ainda mais! felizes os amantes/ Que um forte laço nunca deixa de apertar,/ E cujo amor, alheio às questões irritantes,/

O matrimônio feliz é, indubitavelmente, o mais seguro e duradouro esteio do conforto e do amor; a fonte de toda suavidade extremosa e afeição que emerge da relação e da afinidade; o grande esteio da propriedade; a causa de toda boa ordem existente no mundo e aquilo que, por si só, preserva-o do mais completo caos. Para resumir, é meio prescrito pela Infinita Sabedoria para a consecução desses grandes e louváveis propósitos. Entretanto, tal é a corrupção da natureza humana e tão trivial é depravar as melhores coisas que, pela demência e mau comportamento daqueles que nele se engajam, é muito freqüentemente o caminho para um estado de perfeita desdita e miséria, algo que provê a parcela mais selvagem e corrupta da humanidade de muitas razões para que se declare contrária a ele e para que lhe dedique desprezo. Segue-se ser de absoluta responsabilidade de ambos os sexos que, pela prudência e pela boa conduta, subtraiam aquela nobre instituição aos reproches que atualmente

---

Só poderá morrer quando a morte os levar."
(Tradução do poeta português Eugénio de Castro.)
Tradução alternativa dessa passagem de Horácio
(Ode I-13) consta do final deste artigo de Franklin.

a assolam e, ao dedicarem-se a tornar feliz um ao outro, restituam-na à honra e à estima que merece.

Chego agora ao estabelecimento das regras e das máximas que, penso eu, são as mais práticas e mais eficientes para que sejam assegurados o fim e a felicidade do matrimônio. Endereço-as a todas as mulheres casadas ou que ainda venham a contrair núpcias. Não que eu suponha que seu gênero é mais estouvado que o outro e mais necessitado de conselho, pois garanto, pela minha honra, que penso ser exatamente o inverso. A razão para isso é que as considero mais dispostas a recebê-lo e praticá-lo e, portanto, sinto-me disposto a principiar minha tarefa onde tenho maior promessa de sucesso. Além disso, caso exista alguma verdade em provérbios, *Boas Esposas* usualmente fazem *Bons Maridos*.

REGRAS e MÁXIMAS para a promoção da Felicidade Conjugal. *Endereçadas a todas as* Viúvas, Esposas *e* Solteiras.

A maneira mais provável de se obter um *bom esposo*, ou de mantê-lo *assim*, é sendo *Boa* tu mesma.

Nunca procures o mal de um *Amante* a quem desejas ter como teu *Marido*, assim evitarás que ele te admoeste por isso ou retalie em seguida; e, caso percebas, a qualquer instante, uma inclinação a atuar como tirana, lembra estas duas linhas de verdade e justiça:

Gentilmente serão governados aqueles
que gentilmente *governam*.

De mau grado *obedecerão aqueles que*, em seu turno, arrogantemente *foram* obedecidos.

Evita, tanto antes quanto depois das núpcias, toda a intenção de *dirigir* teu esposo. Jamais procures enganá-lo ou impor-te sobre seu entendimento; nem lhe provoques desconforto (como algumas tolamente o fazem) apenas para testar sua têmpera; ao contrário, trata-o previamente com *Sinceridade* e, em seguida, com *Afeição* e *Respeito*.

Não sejas exageradamente confiante antes do Casamento, nem prometas a ti mesma felicidade sem jaça, pois isso é impossível de se alcançar dadas as circunstâncias concretas. Pondera que a pessoa com a qual passarás os teus dias é um homem e não um anjo; se, quando casares, descobrires qualquer coisa em seu humor ou comportamento que não seja tão completamente agradável quanto poderias desejar, *põe isso na conta da fragilidade hu-*

mana; desanuvia teu sobrecenho; recompõe tua disposição de espírito; e procura complementar isso com alegria e amabilidade.

Lembra sempre que quaisquer que sejam os infortúnios a recair sobre vós, não deverão eles ser atribuídos ao *Matrimônio*, mas a acidentes e enfermidades da vida humana, um fardo que um deve ajudar o outro a superar e a que ambos estão igualmente sujeitos. Portanto, ao invés de *Murmúrios*, *Lamentações* e *Desavenças*, os quais tornam o *gravame* tanto mais *pesado*, oferece de bom grado teus ombros para o mesmo jugo e torna-o mais leve para ambos.

Dispõe-te toda manhã a ser *agradável* e JOVIAL ao longo do dia; e, se qualquer acidente ocorrer que quebre aquela resolução, suporta isso de modo que não afete tua disposição em relação aos demais afazeres e, em especial, em relação a teu esposo.

Não entres em competição com ele, seja qual for a ocasião; antes, nega a ti mesma a trivial satisfação de que prevaleça a tua vontade, ou de que ganhes uma discussão, algo que pode ensejar uma briga ou arrufo que não se pode ter idéia de como terminará.

Estejas certa de que o poder de uma mulher, da mesma forma que sua felicidade, não tem outro fundamento senão a estima e o amor de seu esposo, razão por que deve procurar, por todos os meios disponíveis, preservá-los e aumentá-los. Avalia, portanto, o temperamento dele, e controla o teu próprio, partilha com ele de sua satisfação e refrigera suas dores, e, com a maior diligência, descura suas faltas.

Lê com freqüência e com a devida atenção as palavras do rito matrimonial, e, ao assim fazer, cuida para que não seja despercebida a palavra *Obedece*.

Em tuas preces, não esqueças de acrescentar um pedido para que tenhas a graça de ser feita uma boa esposa; e, ao mesmo tempo, assume a resolução de tudo fazer para que isso se realize.

Sempre usa tua aliança, pois nisso reside mais virtude do que é usualmente imaginado. Se és inesperadamente perturbada, acometida por pensamentos imodestos, ou tentada de alguma forma contrária a teu dever, lança teu olhar sobre ela e relembra quem a ofereceu a ti, onde foi ela recebida e o que ocorreu naquela ocasião solene.

Faze que a doçura de teu amor conjugal se expresse com tal decência, delicadeza e prudência de modo que se distinga clara e totalmente da afeição de uma rameira.

Tens alguma preocupação com teu próprio conforto ou com a estima de teu esposo? Nesse caso, leva em consideração os seus proventos e as circunstâncias em todos os teus dispêndios e desejos. Pois, se advier a carestia, serás a mais afetada pela privação de ambos.

Não permitas que passe muito tempo sem que procedas a uma séria averiguação sobre como tens te comportado como esposa e, caso concluas teres sido culpada de quaisquer faltas ou omissões, a melhor compensação é a de seres extremamente cuidadosa em tua conduta futura.

Estou totalmente convencido de que a estrita obediência às regras precedentes elevaria igualmente tanto a Honra do Matrimônio quanto a *Glória do Belo Sexo*. E uma vez que a maior parte delas, com muito poucas alterações, são tão apropriadas à prática dos esposos quanto o são à das esposas, recomendo-as à consideração de ambos, e espero que em curto espaço de tempo receba os agradecimentos de *pessoas casadas, homens e mulheres*, pelo benefício que dali auferiram.

E agora, em consideração a meus *leitores não-ilustrados*, peço licença *aos ilustrados* para concluir este ensaio com a tradução do Sr. *Creech* daquela passagem de Horácio que utilizei como epígrafe a este artigo:

{43}

BENJAMIN FRANKLIN

Três vezes felizes aqueles que, *libertos de* querelas,
Mantêm um amor *tão longo quanto a vida;*
E que não sejam afetados os assumidos votos de
comunhão
Por qualquer ciúme *intruso,*
Nem por quaisquer temores *ou* discussões;
E que apenas a morte *possa desfazê-los.*

The Pennsylvania Gazette,
8 de outubro de 1730

Os doze mandamentos

À Madame Brillon
Passy, 10 de março

Estou encantado com a graciosidade de minha guia espiritual e implicitamente rendo-me a seus ditames, posto que promete elevar-me aos céus por estrada tão deliciosa – embora, partilhando do prazer de sua companhia, estivesse eu satisfeito em viajar até lá mesmo pela mais pedregosa de todas as vias.

Quão gentilmente parcial é em relação a seu penitente quando, ao examinar-lhe a consciência, julga-o culpado de apenas um pecado capital e chama a isto pelo delicado nome de venialidade!

Agarrar-me-ei à vossa promessa de absolver-me de todos os pecados passados, presentes e futuros, sob a simples e agradável condição de amar, acima de todas as coisas, a Deus, à América e à minha guia. Entusiasmo-me quando penso em ser absolvido pelo futuro.

As pessoas comumente falam dos Dez Mandamentos – fui porém informado de que são eles doze. O primeiro é "Crescei, multiplicai-vos e povoai a Terra". O décimo segundo é: "Provejo-vos de um novo mandamento: *Amai uns aos outros*". Parecem-me ser eles um pouco mal posicionados, e o último deveria ser o primeiro. Entretanto, nunca tive qualquer dificuldade em relação a isso e, invariavelmente, obedeci a ambos sempre que tive oportunidade. Peço-vos que me digais, minha querida casuísta, se o fato de guardar com rigidez esses dois mandamentos, embora não constantes do Decálogo, não poderia ser aceito em compensação por ter eu tão freqüentemente transgredido um daqueles dez, a saber, aquele que proscreve cobiçar a mulher do próximo, e o qual transgrido com constância, Deus me perdoe, tão freqüentemente quanto as vezes em que vejo minha adorável confessora ou nela penso. Mais que isso, temo não poder jamais me arrepender de tal pecado, mesmo se a possuísse totalmente.

Consulto-vos agora sobre um caso de consciência; mencionarei a opinião de um certo Pai da Igreja que me vejo inclinado a adotar, embora não esteja certo de que seja ortodoxo. É a seguinte: que a melhor maneira de superar uma certa tentação é a de, tão logo ela surja, ceder a ela e satisfazê-la.

Peço-vos que me instruais: até que ponto devo basear-me em tal princípio?

Mas por que haveria eu de ser tão escrupuloso quando prometestes absolver-me do futuro?

Adieu minha fascinante conselheira, e creia-me serdes sempre detentora de minha mais sincera estima e afeição.

Seu mais obediente e humilde servo.
1778

Os Campos Elísios

M. Franklin para Madame Helvétius

Contrariado por vossa cruel resolução – tão positivamente anunciada na noite passada – de, em respeito a vosso querido esposo, jamais se casar de novo, voltei para casa e caí na cama. E, acreditando-me morto, vi-me nos Campos Elísios.

Perguntaram-me se desejava ver alguém em particular. Levaram-me à província dos filósofos:

– Existem dois que vivem próximo ao jardim; são muito bons vizinhos e amigos íntimos um do outro.

– Quem são eles?

– Sócrates e H_____.

– Estimo imensamente a ambos, mas permita-me encontrar H_____ antes, pois entendo um pouco de francês, mas nenhuma palavra de grego.

Ele me recebeu com grande cortesia, afirmando já me conhecer há algum tempo pela reputação que por lá granjeara. Perguntou-me mil coisas sobre a guerra, sobre o presente estado da religião, da liberdade e do governo em França.

– Nada me indagais, então, sobre vossa cara amiga Madame H_____; não obstante, ela ainda vos ama intensamente e estive em sua casa há uma hora.

– Ah! – disse ele – fazeis-me recordar minha felicidade pregressa. Mas é necessário esquecê-la para ser feliz aqui. Por vários dos primeiros anos pensei apenas nela. Estou sentindo-me enfim consolado. Uni-me a outra esposa, a mais semelhante a ela que consegui. É bem verdade não ser tão completamente bela, mas tem o mesmo bom senso e um pouco mais de espírito, e me ama extremamente. Seu contínuo interesse é o de me agradar; encontra-se agora ausente à cata do melhor néctar e da melhor ambrosia para me regalar esta noite; permanecei comigo e a vereis.

– Percebo – disse eu – que nossa velha amiga é mais fiel que vós, pois recebeu várias boas ofertas, e a todas recusou. Confesso-vos que eu mesmo a tenho amado além do razoável; porém ela manteve seu coração duro em relação a mim, e rejeitou-me totalmente, por amor a vós.

– Condôo-me por vós – disse ele –, por vossa má fortuna; pois ela é verdadeiramente uma boa e linda mulher, e muito atraente. Mas, dizei-me, o Abade de la R_____ e o Abade M_____ ainda freqüentam sua casa?

– Sim, certamente, pois que ela não se afastou de nem mesmo um de vossos amigos.

– Caso granjeásseis o favor do Abade M_____ (com café e creme) para que ele falasse por vós, talvez obtivésseis sucesso, pois é ele um lógico sutil, semelhante a Duns Scot ou São Tomás; organiza seus argumentos em tão perfeita ordem que tornam-se praticamente irresistíveis. Da mesma forma, se o Abade de la R_____ fosse subornado (por alguma bela edição de um clássico antigo) a falar contra vós, seria ainda melhor; pois sempre observei que, quando quer que tenha ele sugerido algo, tinha ela uma fortíssima tendência a proceder em direção oposta.

Nesse momento, a nova Madame H_____ surgiu com o néctar e naquele instante verifiquei ser ela a Madame F_____, minha antiga companheira americana. Admoestei-a. Entretanto ela respondeu-me friamente:

– Fui uma boa esposa para vós por 49 anos e quatro meses, quase meio século; deveis satisfazer-vos com isso. Contraí aqui uma nova relação que perdurará pela eternidade.

Ofendido por tal rejeição de minha Eurídice, decidi abruptamente deixar esses ingratos espíritos e retornar à boa Terra, para novamente admirar a luz do sol e a vós. Eis-me aqui! Vinguemo-nos!

7 de dezembro de 1778

As moscas

À Madame Helvétius

As moscas do apartamento do Sr. Franklin requisitam permissão para apresentar seus respeitos a Madame Helvétius, e para expressar em sua melhor linguagem sua gratidão pela proteção que ela tão gentilmente tem-lhes emprestado:

Bizz izzzz ouizzzz izzzzzzzzz etc.

Vivemos longo tempo sob o hospitaleiro teto do mencionado bom Franklin. Ele propiciou-nos livre acomodação, e também comemos e bebemos o ano todo à sua custa sem que isso nos impusesse qualquer custo. Com freqüência, quando seus amigos e ele esvaziavam uma garrafa de ponche, deixava-nos o suficiente para embebedar a uma centena de nós, moscas. Bebíamos disso livremente e depois fazíamos nossas arremetidas, nossos círculos, nosso balé, muito belamente através do ar de seu quarto, e consumávamos com alegria nossos pequenos amores logo debaixo de seu nariz. Em resumo, seríamos o mais feliz povo do mundo não tivesse ele permitido que vários de nossos inimigos declarados permanecessem no topo do revestimento das paredes de seu quarto, onde estendiam suas redes para nos capturar e impiedosamente nos estraçalhar em pedaços. Indivíduos de disposição tão sutil quanto feroz, combinação abominável! Vós, ó mais excelente entre as mulheres, tivestes a bondade de ordenar que todos esses assassinos, com suas habitações e armadilhas, fossem eliminados; e vossas ordens (como sempre deveriam ser) foram levadas a cabo de imediato. Desde aquela época, vivemos alegremente e gozamos sem mais temores da beneficência do citado bom Franklin.

Resta apenas uma coisa a desejar para que asseguremos a permanência de nossa boa fortuna, permiti-nos dizê-lo:

Bizz izzzz ouizzzz izzzzzzzz etc.

que doravante possamos ver-vos a ambos formando um único domicílio.

1784?

Franklin "cientista"

Uma carta à Academia Real

(Carta ao Dr. Richard Price, remetida em 1783).

Caro senhor,

Todos os comentários por aqui se voltam atualmente para balões preenchidos com ar inflamável leve... Ar inflamável traz-me à mente um pequeno artigo jocoso que escrevi há alguns anos ridicularizando uma "questão premiada" apresentada deste lado do Oceano, e aqui o incluo para vosso entretenimento. Mas, pensando bem, como essa é uma questão matemática, e talvez eu a julgue mais trivial do que de fato é, e como sois matemático, temo ter agido mal ao remetê-lo. Nosso amigo Dr. Priestley,[3] todavia – que é capaz de "se dar ares" e

---

3   J. B. Priestley, físico e participante da Real Academia.

aparenta ter direitos sobre tudo o que seus amigos produzem sobre esse tema –, talvez queira examiná-lo e podereis enviar-lhe sem que vos imponha a leitura.

À Real Academia de Bruxelas –
Cavalheiros, examinei cuidadosamente vossa última questão premiada em matemática, proposta no lugar de uma em Filosofia Natural, para o ano vindouro, a saber:

- *Une figure quelconque donnée, on demande d'y inscrire le plus grand nombre de fois possible une autre figure plus-petite quelconque, qui est aussi donée.* (Dada uma figura simples, inscreva-se nela outra figura menor, também dada, tantas vezes quanto possível.)
- Alegrei-me ao notar nas palavras subseqüentes – *L'Académie a jugé que cette découverte, en étendant les bornes de nos connoissances, ne seroit pas sans UTILITÉ* (A academia julgou que esta descoberta, ao ampliar as fronteiras de nosso conhecimento, não carecerá de UTILIDADE.) –
- Que os senhores consideram a *Utilidade* um ponto essencial a suas investigações, algo que

nem sempre tem-se verificado em todas as academias. Concluo, portanto, que os senhores apresentaram esta questão em lugar de uma filosófica ou física, como o erudito a chamaria, posto que não puderam naquele momento pensar em algum tema físico que se revestisse de maior *Utilidade*.

Permitam-me, portanto, humildemente propor uma questão com aquela característica à vossa consideração e, por meio de vós, caso a aproveis, à judiciosa investigação dos doutos físicos, químicos etc. desta Época Ilustrada.

É universalmente bem sabido que a digestão de nosso alimento usual cria ou produz grande quantidade de ares nas entranhas das criaturas humanas;

- que a liberação desses ares e sua mistura com a atmosfera são usualmente ofensivas para os circunstantes, dado o fétido odor que as acompanha;
- que, portanto, toda a população bem-educada, procurando evitar tal ofensa, obrigatoriamente opõe-se aos esforços da Natureza voltados à descarga daqueles ares;
- que, ao afrontar a Natureza, tal retenção, com freqüência, não apenas enseja dores ime-

diatas quanto acarreta doenças futuras, tais como as habituais cólicas, rupturas, distensões abdominais etc., amiúde destrutivas da constituição e, por vezes, da própria vida.

Não fosse pelo odor abjetamente ofensivo que acompanha tais ejeções, as pessoas cultivadas não se restringiriam em liberar tais gases quando em companhia, não mais do que se restringem ao cuspir ou assoar seu nariz.

Minha questão premiada, portanto, seria: *Descobrir alguma droga, salubre e não desagradável, a ser misturada com a nossa comida usual, ou a molhos, que logre tornar as naturais descargas de nossos ares corpóreos não apenas inofensivos, mas agradáveis como perfumes.*

Que este não é projeto quimérico e completamente impossível pode ser evidenciado pelas seguintes considerações. É certo que já possuímos algum conhecimento de meios capazes de modular o odor. Aquele que janta carne amanhecida, em especial quando ricamente acompanhada de cebolas, capacitar-se-á à produção de um cheiro que nenhuma companhia poderá suportar; ao passo que alguém que se nutra, por algum tempo, apenas com vegetais, terá aquele hálito puro a ponto de ser insensível mesmo ao mais delicado dos narizes; e, se puder evitar registro, logrará, em qualquer lugar, dar ares a suas penas sem que se o note. No entanto, como a muitos seria inconveniente uma dieta exclusivamente composta de vegetais, e como um pouco de cal viva jogada em uma latrina pode retificar a impressionante quantidade de ar fétido advindo da vasta massa de matéria pútrida contida em tais lugares e torná-lo algo agradável ao olfato, não se poderia supor que um pouco de cal viva (ou algum outro equivalente) administrado em nossa comida, ou talvez um cálice de cal hidratada, ingerido ao jantar, poderia ter o mesmo efeito sobre o ar produzido em nossas entranhas ou por elas emitido? Vale a pena experimentar.

É também certo que, por meios simples, temos o poder de mudar o odor de outra descarga, a saber, de nosso líquido. Umas poucas hastes de aspargos deglutidas darão à nossa urina um cheiro desagradável; e uma pílula de terebintina, não maior que uma ervilha, emprestar-lhe-á o aroma de violetas. Por que, então, dever-se-ia pensar que fazer um perfume de nossos *Ares* é mais naturalmente impossível do que encontrar meios que tornem perfumado nosso *Líquido*?

Para estimular essa investigação (afora a imortal honra a ser, por direito, esperada pelo inventor), seja-se razoavelmente ponderada a mínima relevância para a Humanidade, ou para quão pequena parcela da Humanidade têm sido úteis aquelas descobertas da ciência que desde sempre têm tornado famosos tantos filósofos. Existiriam hoje vinte homens na Europa mais felizes, ou gozando de maior comodidade, pelo conhecimento que porventura tenham adquirido de Aristóteles? Que conforto poderiam prover os vórtices de Descartes a um homem que tem redemoinhos em seu ventre?! O conhecimento da lei newtoniana de mútua *atração* das partículas da matéria, poderia ele consolar àquele que sofre por sua mútua *repulsão* e pelas cruéis distensões que ocasiona? O prazer que enleva alguns filósofos ao verem, por poucas vezes em sua vida, as distintas linhas de luz separadas pelo prisma de Newton em sete cores, poderia isso ser comparado ao alívio e ao conforto que todo homem vivente pode auferir sete vezes por dia pela desimpedida descarga de vento de suas vísceras? Em especial, se for ele convertido em perfume, pois os prazeres de um dos sentidos são pouco inferiores àqueles de outro; em vez de deleitar a visão, poderá deleitar o olfato de seus circunstantes e fazer felizes a muitos, o que, para um espírito benevolente, deveria evocar infinita satisfação. A alma generosa, que ora se empenha em descobrir se os amigos que entretém preferirão clarete ou borgonha, champanhe ou madeira, também preocupar-se-á com a escolha entre o almíscar ou o lírio, a rosa ou a bergamota, e em providenciá-los de modo apropriado. E, evidentemente, tal liberdade de *Expressar* os Sentidos de alguém agradando *uns aos outros* é de muito maior importância para a felicidade humana que a liberdade de *imprensa* ou de crítica, pela qual os ingleses são tão prontos a lutar e morrer.

Em resumo, esta invenção, se concretizada, estaria, como enunciado por *Bacon, trazendo a Filosofia para os ofícios e coração dos homens*. Não poderia senão concluir que, em comparação, do ponto de vista da universal e contínua UTILIDADE, a Ciência e a Filosofia acima mencionadas, mesmo com a adição, cavalheiros, de sua "*Figure quelconque*" e as demais figuras que possa conter, todas juntas, não valeriam mais que um *traque*.

Passy, *c.* 1781

A ARTE DE TER BONS SONHOS

Endereçada à Srta. Shipley e
escrita por sua requisição.

Posto que grande parte de nossa vida é despendida durante o sono, em que, por vezes, temos sonhos agradáveis e, em outras, sonhos desgastantes, assume certa relevância o cultivo do primeiro tipo e a evicção do segundo; pois, quer real, quer imaginário, sofrimento é sofrimento e prazer é prazer. Se pudermos dormir sem sonhar, positivo é que sejam desse modo evitados os sonhos dolorosos. Mas se, enquanto dormimos, pudermos usufruir de um sonho agradável, isso seria, como dizem os franceses, *autant de gagné*, um acréscimo ao prazer da vida.

Para a consecução desse fim, faz-se necessário, em primeiro lugar, que se procure preservar a saúde por meio dos exercícios apropriados e de grande temperança; pois, na doença, a imaginação é perturbada, e idéias desagradáveis, algumas vezes terríveis, são capazes de se fazer presentes. Exercícios devem preceder as refeições e não imediatamente sucedê-las; no primeiro caso, promove-se, no último, obstrui-se a digestão. Caso, após o exercício, alimentemo-nos com parcimônia, a digestão será fácil e boa, o corpo far-se-á leve, jovial, o humor, e todas as funções corpóreas serão desincumbidas agradavelmente. O sono, quando a isso suceder, será natural e tranqüilo. Por oposição, a indolência, acompanhada de alimentação pesada, ocasiona pesadelos e horrores inexprimíveis: caímos de precipícios, somos assaltados por bestas selvagens, assassinos e demônios e experimentamos toda variedade de agonias. Note-se, todavia, que a quantidade de comida e exercício é coisa relativa; aqueles que são muito ativos podem e, de fato, devem comer mais; aqueles que se exercitam pouco devem comer pouco. Em geral, a espécie humana, desde o aperfeiçoamento da culinária, come duas vezes mais do que o exigido pela natureza. Ceias não são nocivas caso não tenhamos jantado; mas noites desgastantes decorrem naturalmente de ceias substanciosas posteriores a jantares alentados. De fato, como existem diferentes constituições, alguns muito descansam após tais refeições: custa-lhes apenas um sonho horroroso e uma apoplexia, depois do que dormem até o dia do Juízo. Nada é mais comum nos jornais do que casos de pessoas que, após ingerirem uma ceia reforçada, são, pela manhã, encontradas mortas em seu leito.

Outro meio a ser observado para a preservação da saúde depende da manutenção de um constante suprimento de ar fresco em seu dormitório. Dormir em quartos cuidadosamente fechados e em camas circundadas por dosséis constitui um enorme erro. Nenhum ar externo que venha a penetrar é tão insalubre quanto o ar não-renovado, respirado muitas vezes, de uma câmara fechada. Da mesma forma que a água fervente não fica mais quente ao ser fervida por mais tempo caso escapem as partículas que recebem maior calor, corpos viventes não se corrompem se forem eliminadas as partículas que os compõem tão logo apodreçam. A natureza expele-as pelos poros da pele e pelos pulmões e, ao ar puro e aberto, são eliminadas; mas em um quarto fechado as absorvemos repetidamente, não obstante serem mais e mais corrompidas. Destarte, várias pessoas reunidas em um pequeno aposento arruínam o ar em poucos minutos e chegam a torná-lo mortal, como no Buraco Negro de Calcutá.[4] Diz-se que uma única pessoa consome apenas um galão de ar por minuto e, portanto, exige tempo maior para consumir o constante em toda uma câmara; mas isso é feito, todavia, de modo gradual, e muitas desordens pútridas têm aí sua origem. É sabido de Matusalém – que, sendo o mais longevo vivente, é presumivelmente aquele que melhor preservou sua saúde – que sempre viveu ao ar livre, pois, após viver quinhentos anos, surgiu-lhe um anjo que disse: "Levanta-te, Matusalém, e constrói uma casa para ti, pois deves ainda viver outros quinhentos anos". Matusalém, entretanto, respondeu dizendo: "Se devo viver por mais quinhentos anos, não vale a pena construir-me uma casa; dormirei ao relento, como costumo fazê-lo". Médicos, que por séculos sustentaram não deverem os enfermos ser expostos ao ar fresco, há tempos perceberam que

---

4   O "Buraco Negro de Calcutá" foi como passou a ser conhecida a pequena cela abafada em que foram aprisionados 146 ingleses após a rendição da cidade ao exército de Siraj ud Daula, em 1756. Consta que apenas 23 dos cativos saíram vivos. (N.E.)

isso pode fazer-lhes bem. É portanto de se esperar que descubram, afinal, ser isso tampouco danoso para os saudáveis bem como que podemos ser curados da *aerofobia* que atualmente intranqüiliza mentes débeis e as leva a preferir serem sufocadas e envenenadas a deixarem aberta a janela de um dormitório, ou a abaixarem a janela de um coche.

O ar confinado, quando saturado pela matéria exsudada, não comportará mais nada; e aquela matéria estará fadada a permanecer em nosso corpo e a acarretar doenças; mas ele fornece alguns indícios de que é danoso ao produzir certo desconforto, muito tênue de início, que se manifesta nos pulmões como sensação sutil, nos poros da pele como uma aflição difícil de descrever; poucos que já o sentiram sabem a causa disso. Mas podemos relembrar que algumas vezes, ao acordar durante a noite, caso estejamos bem agasalhados, sentimos dificuldade em voltar a adormecer. Ficamos nos revirando sem encontrar repouso em nenhuma posição. Tal neurastenia (para usar expressão vulgar, à falta de outra melhor) é integralmente ocasionada pela aflição da pele devida à retenção de matéria perspirável – as roupas de cama receberam sua quantidade máxima de matéria e, uma vez

{69}

saturadas, recusam-se a absorver mais. Para que isso seja evidenciado por um experimento, deixa que uma pessoa assuma seu lugar no leito, mas retira suas roupas de cama e permite que experimente o ar fresco diretamente em contato com parte descoberta de seu corpo; sentirá refrescar-se imediatamente aquela região; pois o ar prontamente depurará a pele ao receber, absorver e remover a carga de material exsudável que a incomodava. Pois toda porção de ar fresco que chega à pele quente, ao acolher sua parcela daquele vapor, recebe então um grau de calor que o rarefaz e o torna mais suave, ponto em que será expulso, com seu fardo, por ar mais fresco e, portanto, mais pesado, que logo o substitui e, a partir daí, sendo este também modificado e esquentado, dá lugar a outra onda sucedânea. Essa é a ordem natural a qual impede que animais sejam infectados por sua própria perspiração. Ele será então sensível à diferença entre a parte exposta ao ar e aquela que, permanecendo afundada no leito, nega acesso ao ar: pois essa parte agora manifesta com mais distinção seu desconforto comparativo, e a localização de tal desconforto revela-se mais evidentemente do que quando a integral superfície do corpo foi por ele afetada.

Eis, portanto, uma grande e geral causa de sonhos desagradáveis. Com efeito, quando o corpo está indisposto, a mente perturbar-se-á, e daí surgem, como conseqüência natural durante o sono, idéias desagradáveis, de vários teores. Os remédios, preventivos e curativos, para isso são arrolados a seguir:

1. Ao comer moderadamente (como antes sugerido a bem da saúde), menos matéria perspirável será produzida em dado momento; desse modo, as roupas de cama poderão recebê-la por mais tempo antes que se saturem, e nós podemos, portanto, dormir mais tempo antes que sejamos perturbados por rejeitarem elas qualquer absorção adicional.

2. O uso de roupas de cama mais leves e mais porosas permite que a matéria exsudável passe mais facilmente por elas, tornando-se por mais tempo tolerável e permitindo assim que sejamos menos incomodados.

3. Quando se é acordado por esse desconforto e não se logra com facilidade dormir novamente, sai do leito, bate e vira teu travesseiro, sacode bem tua roupa de cama, por ao menos vinte vezes, deixa então tua cama ex-

posta e a refrescar. Nesse meio tempo, ainda despido, anda pelo teu quarto até que tua pele tenha tempo de descarregar seu fardo, o que ocorrerá tanto mais depressa quanto seja o ar mais seco e mais fresco. Quando começares a achar desagradável o ar frio, retorna então para a tua cama e voltarás rapidamente a dormir, e teu sono será doce e agradável. Todas as imagens apresentadas à tua fantasia serão também de conteúdo agradável. Com freqüência, sou tão agradavelmente entretido por elas quanto pelo cenário de uma ópera. Se acontece de seres muito indolente para deixar o leito, podes, em vez disso, suspender tua roupa de cama com o braço ou a perna de modo a permitir grande entrada de ar, deixando a seguir que caiam e assim permitam a saída do ar de novo. Isso, feito por vinte vezes, isentá-los-á da matéria exsudável de que se embeberam, a ponto de permitir que, em seguida, durmas bem por algum tempo. Mas esse último método não se equipara ao primeiro.

Aqueles que não cortejam problemas e podem arcar com duas camas, encontrarão grande conforto em levantar, ao acordar em uma cama quente, e mudar para uma fresca. Tal mudança de leitos seria do mesmo modo de grande serventia para pessoas doentes ou febris, uma vez que refresca e amiúde enseja o sono. Uma cama bem larga que permita um deslocamento distante o suficiente da posição original a ponto de tornar acessível um posto fresco e doce pode, de certa forma, atingir os mesmos fins.

Uma ou duas observações mais concluirão este pequeno ensaio. Ao deitar, deve-se tomar cuidado com a disposição do travesseiro de modo perfeitamente ajustado e confortável à tua maneira de repousar a cabeça; acomoda então teus membros de modo que não pese um inconvenientemente sobre o outro; por exemplo, no caso de teus tornozelos; pois, ainda que uma posição ruim possa de imediato causar a mais leve das dores e quase não ser notada, sua permanência pode torná-la menos tolerável e o desconforto pode ocorrer durante teu sono e perturbar tua imaginação.

Essas são as regras da arte. Entretanto, mesmo que, em geral, sejam eficazes na produção do fim pretendido, há um caso em que mesmo sua mais minuciosa observância será totalmente infrutífera. Não necessito mencionar tal situação para ti, cara amiga, mas minha sinopse das circunstâncias não seria completa sem isso. O caso em pauta ocorre quando a pessoa interessada em ter sonhos agradáveis não cuidou de preservar o mais necessário, acima de qualquer outra coisa:

UMA CONSCIÊNCIA TRANQÜILA.

2 de maio de 1786

Diálogo entre a Gota e o sr. Franklin

Sr. F.: Ai! Ih! Oh! O que fiz eu para merecer este cruel sofrimento?

A Gota: Muitas coisas: comeste e bebeste demasiadamente e foste indulgente demais com a indolência dessas tuas pernas.

Sr. F.: Quem me acusa?

A Gota: Sou eu, eu mesma, a gota.

Sr. F.: Quê?! Meu inimigo em pessoa?!

A Gota: Não, não teu inimigo.

Sr. F.: Repito, meu inimigo, pois não apenas atormentais mortalmente meu corpo como arruinais meu bom nome. Acusais-me de ser guloso e beberrão. Mas todo mundo que me conhece tem de admitir que não sou nem um, nem outro.

A Gota: O mundo pode pensar o que quiser: ele é sempre muito complacente consigo mesmo e, algumas vezes, com seus amigos também; mas sei muito bem que a quantidade de carne e bebida apropriada a um homem que faz um montante razoável de exercício é demasiada para outro que nunca faz nenhum.

Sr. F.: Eu faço – Ai! Ui! – tanto exercício – Ai! – quanto posso, Dona Gota. Vós conheceis minhas ocupações sedentárias, e levando-se isso em consideração, seria de se sugerir, Madame, que vós poderíeis poupar-me um pouco, dado que isto não é apenas minha culpa.

A Gota: De modo algum; tua retórica e polidez são descartáveis, tuas desculpas de nada valem. Se tua rotina de vida é sedentária, tuas diversões, tua recreação, ao menos, deveriam ser ativas. Deverias andar ou cavalgar; ou, caso o clima te impeça, jogues bilhar. Porém, examinemos teu cotidiano. Enquanto as manhãs são longas e tens lazer disponível ao ar livre, o que fazes? Ora, ao invés de incentivar teu apetite pelo desjejum por meio de saudável exercício, divertes-te com livros, panfletos ou jornais que comumente não valem a pena ser lidos. Ao contrário, comes um desjejum desordenado, quatro pires de chá com creme e uma ou duas torradas amanteigadas com fatias de carne embutida, que, imagino, não sejam as coisas de mais fácil digestão. Imediatamente depois, sentas-te para escrever à tua escrivaninha ou conversas com pessoas que te procuram a negócios. Assim passas o tempo até a uma, sem qualquer tipo de exercício corporal. Mas a tudo isso posso perdoar, em consideração, como dizes, à tua rotina sedentária. Porém qual será tua rotina após o jantar? Caminhar pelos lindos jardins daqueles amigos com quem jantas seria a escolha de homens de bom senso; a tua é ficar pregado em um jogo de xadrez, algo em que te ocupas por duas a três horas! Essa é tua perpétua recreação, que é a menos apropriada para um homem sedentário, pois ao invés de acelerar o movimento dos fluidos, a rígida atenção que requer ajuda a retardar a circulação e obstrui as secreções internas. Envolvido pelas especulações deste jogo amaldiçoado, destróis tua própria constituição. O que se pode esperar de tal tipo de vida senão um corpo repleto de humores estagnados, pronto para cair tomado por toda espécie de perigosas moléstias, não fosse eu, a gota, de quando em quando trazer-te alívio pela agitação desses humores, assim purificando-os ou dissipando-os? Se fosse em algum beco ou ruazinha de Paris, desprovida de alamedas, ainda poderia ser desculpável que praticasses um pouco de xadrez após o jantar; mas o mesmo gosto prevalece em ti quando em Passy, Auteuil, Montmartre ou Sanoy, onde são encontrados os melhores jardins e passeios, ar puro, lindas mulheres e a mais agradável e instrutiva conversação; todas coisas de que poderias tirar proveito ao freqüentar os passeios. Mas são elas trocadas pelo abominável jogo de xadrez. Ora, então, Sr. Franklin! Mas em meio a minhas admoestações esqueci de administrar minhas punições; assim, toma esta agulhada... e esta mais!

Sr. F.: Ai! Ui! Ai! Aiiii! Tantas instruções quantas queirais, Dona Gota, mas peço-vos, Madame, uma trégua em vossas punições!

A Gota: Não, senhor, não. Não subtrairei uma partícula do que é devotado ao teu próprio bem... portanto...

Sr. F.: Ai! Uiii! Não é justo dizer que não faço qualquer exercício quando o faço muito amiúde, saindo para jantar e retornando em minha caleça.

A Gota: Esse, de todos os exercícios imagináveis, é o mais leve e insignificante, se aludes ao movimento de uma caleça suspensa sobre molas. Ao observar o grau de calor obtido por diferentes espécies de movimento, podemos avaliar a quantidade de exercício envolvido em cada um deles.

Assim, por exemplo, caso caminhes no inverno sem agasalhar os pés, dentro de uma hora estarás todo suado; cavalgues no dorso de uma montaria e o mesmo efeito mal será percebido após quatro horas de bom trote; mas se te esparramas em uma caleça, tal como a que mencionas, podes viajar com tranqüilidade todo o dia e alegremente apear-te na última estalagem para aquecer teus pés à lareira. Portanto, não te vanglories como se aquela meia hora de arejamento em tua caleça merecesse o nome de exercício. A poucos permitiu a Providência andar em caleças, mas forneceu a todos um par de pernas, máquinas infinitamente mais apropriadas e práticas. Sê, pois, grato e faze bom uso das tuas. Caso soubesses como elas promovem a circulação de teus fluidos na função mesma de transportar-te de um lugar para outro... Observa que quando andas todo o teu peso é alternadamente jogado de uma perna para a outra; isso acarreta grande pressão sobre os vasos do pé e expulsa seu conteúdo; quando esvaziados, ao ser o peso transferido para o outro pé, os vasos do primeiro passam a ser preenchidos e, quando do retorno do peso, processa-se mais uma vez a repulsão, destarte acelerando a circulação do sangue. O calor produzido depende sempre do grau dessa aceleração; os fluidos são agitados, os humores abrandados, as secreções facilitadas e tudo corre bem, o rosto fica corado e a saúde restabelecida. Atenta para a tua bela amiga de Auteuil, dama que recebeu da generosa natureza mais ciência realmente útil do que juntos teriam meia dúzia daqueles pretensos filósofos que extraíste de todos os teus livros. Quando te honra com uma visita, o faz a pé. Ela caminha todas as horas do dia e delega a indolência e suas concomitantes enfermidades a seus cavalos. Nisso, vê-se de imediato o que preserva sua saúde e encantos pessoais. Porém, quando vais para Auteuil, precisas usar tua caleça, embora o caminho de Passy para Auteuil não seja mais longo do que aquele que vai de Auteuil a Passy.

Sr. F.: Vossa argumentação está ficando muito maçante.

A Gota: Sou admoestada. Permanecerei silenciosa e continuarei meu ofício. Toma isto! E isto!

Sr. F.: Ai! Aii! Continuai falando, peço-vos!

A Gota: Não, não; tenho um bom número de agulhadas para ti esta noite, e podes estar certo de algumas outras para amanhã.

Sr. F.: Quê?! Com esta febre? Estou ficando louco! Ai! Ui! Não poderia alguém suportar isso em meu lugar?

A Gota: Pergunta a teus cavalos; eles têm te servido fielmente.

Sr. F.: Como podeis ser tão leviana com meus tormentos?

A Gota: Leviana? Sou muito séria. Tenho aqui, distintamente registrada, uma lista de ofensas contra tua própria saúde e podem elas justificar qualquer golpe infligido a ti.

Sr. F.: Lede-a, então.

A Gota: O rol é muito longo, mas mencionarei brevemente alguns itens.

Sr. F.: Continuai, sou todo atenção.

A Gota: Lembras do quão freqüentemente prometeste a ti mesmo que na manhã seguinte caminharias pelo bosque de Boulogne, no jardim de La Muette ou em teu próprio jardim, e violaste tua promessa, alegando ora que estava muito frio, ora que estava muito quente, ora que ventava demais, ou que estava muito úmido, ou o que quer que seja; quando na verdade nada estava demais a não ser teu insuperável amor ao ócio?

Sr. F.: Isso confesso que pode ter acontecido ocasionalmente, talvez umas dez vezes em um ano.

A Gota: Tua confissão está muito longe da verdade; o montante total chega a cento e noventa e nove vezes.

Sr. F.: Seria isso possível?!

A Gota: Tão possível que chega a ser um fato; podes confiar na precisão de minha declaração. Conheces os jardins de M. Brillon e que belos passeios contêm; conheces o excelente lance de cem degraus que ligavam o terraço superior ao gramado inferior. Costumavas visitar essa amável família duas vezes por semana após o jantar, e, segundo princípio de tua lavra, "um homem pode fazer tanto exercício caminhando uma milha subindo e descendo escadas quanto dez ao rés do chão". Que oportunidade havia aqui para fazeres exercício dessas duas maneiras! Aproveitaste isso? Quão amiúde?

Sr. F.: Não posso por ora responder essa questão.

A Gota: Farei isso por ti, e não uma vez apenas.

Sr. F.: Não uma vez apenas?

A Gota: Exatamente. Durante o verão, foste lá às seis horas. Encontraste a encantadora senhora, com seus adoráveis filhos e amigos, todos ansiosos por caminhar e se divertir contigo em agradável conversação. E qual foi tua escolha? Ora, sentar-te no terraço, satisfazendo-te com o agradável panorama e passeando teus olhos sobre as belezas do jardim abaixo, sem que desses um passo sequer para descer e passear entre elas. Ao contrário, pedes chá e um tabuleiro de xadrez; e... aí vamos nós! Permaneces ocupado em teu assento até as nove horas, e isso além das duas horas de jogo disputado após o jantar; e então, ao invés de voltar andando para casa, o que teria agitado um pouco, entras em tua caleça. Quão absurdo é supor que toda essa negligência possa, sem a minha intervenção, ser reconciliável com a saúde.

Sr. F.: Estou agora convencido da justiça da observação do *Poor Richard*,[5] segundo a qual "Nossos débitos e nossos pecados são sempre maiores do que imaginamos".

A Gota: De fato. Vós, filósofos, sois sábios em vossas máximas e parvos em vossa conduta.

Sr. F.: Mas incluís entre meus crimes que eu tenha retornado de M. Brillon em uma caleça?

---

5 *Poor Richard*: periódico dirigido por Franklin e repositório de vários de seus ditos e frases mais conhecidos. Cf. a última ma seção deste livro.

A Gota: Decerto, pois tendo permanecido sentado por todo o tempo, não podes alegar cansaço e, portanto, não podes requisitar o lenitivo de uma caleça.

Sr. F.: O que então gostaríeis que fizesse eu com minha caleça?

A Gota: Queima-a, se quiseres; ao menos produzirias desta vez algum calor com ela; ou, se não apreciares tal sugestão, eis uma outra para ti. Observa os pobres camponeses que labutam nos vinhedos e campos ao redor de Passy, Auteuil, Chaillot etc. Poderás encontrar entre essas criaturas desvalidas quatro ou cinco velhos e velhas, curvados e talvez inválidos pelo peso dos anos e pela idade e pelos trabalho excessivos. Após um dia extenuante, essas pessoas têm de manquetear uma milha ou duas até seus escuros casebres. Ordena a teu cocheiro que os transporte até lá. Esse será um ato que fará bem à tua alma; e, paralelamente, após tua visita aos Brillon, caso voltes a pé, isso também será bom para teu corpo.

Sr. F.: Ah! Que maçante sois!

A Gota: Bem, então, de volta a meu ofício; não deves estar esquecido de que sou teu médico. Toma!

Sr. F.: Aiiii! Que médico demoníaco!

A Gota: Quão ingrato és ao dizeres isso! Não fui eu que, na função de teu médico, salvei-te da paralisia, dos edemas e da apoplexia, um ou outro dos quais teria acabado contigo há tempos não fosse por mim?

Sr. F.: Submeto-me e agradeço-vos pelo passado, mas providenciai a suspensão de vossas visitas no futuro, pois a meu ver é melhor morrer que ser curado de maneira tão sofrida. Permiti-me apenas sugerir que eu também não tenho sido hostil a *vós*. Nunca empreguei qualquer médico ou charlatão para que entrasse na luta contra vós. Portanto, se não permitirdes meu repouso, poder-se-á dizer que sois também ingrata.

A Gota: Não poderia considerar isso uma objeção válida. Quanto aos charlatães, eu os desprezo: eles podem bem te matar, mas não são capazes de me fazer mal. E no que se refere aos médicos regulares, eles estão afinal convencidos de que a gota, em um indivíduo como tu, não é realmente uma moléstia, mas um remédio. Como então curar um remédio?! E já que estamos falando nisso, toma!

Sr. F.: Ai! Ai! ... Pelo amor dos Céus, deixai-me! Prometo piamente nunca mais jogar xadrez, além de fazer exercícios diariamente e viver com temperança.

A Gota: Conheço-te muito bem! Prometes de boa-fé; mas, após uns poucos meses de boa saúde, retornarás a teus velhos hábitos; tuas boas promessas serão esquecidas, como o foram as formas das nuvens do ano passado. Concluamos, então, as nossas contas e eu partirei. Mas deixo-te com a promessa de que te visitarei de novo em hora e lugar apropriados, pois meu objetivo é teu bem e estás agora consciente de que sou *verdadeiramente tua amiga*.

Meia-noite, 22 de outubro de 1780

Franklin "moralista"

Regras pelas quais um homem de juízo e saber pode, não obstante, tornar-se uma companhia desagradável

Teu objetivo é *brilhar*; portanto deves, por todos os meios a teu dispor, evitar o fulgor de outros; pois o brilho deles pode tornar menos distinguível o teu. Com esse fito:

1. Se possível, alonga todo o teu discurso e, quando outro assunto faltar, fala muito de ti, de tua educação, teu conhecimento, tuas circunstâncias, teu sucesso, conhecimento e negócios, tuas vitórias em disputas, teus próprios sábios dizeres e comentários em dadas situações etc. etc. etc.

2. Se, quando te faltar o fôlego, alguma outra companhia aproveita a oportunidade de dizer algo, examina suas palavras e, se possível, encontra algo, seja na intenção, seja na expressão, que possa ser imediatamente contra-

ditado e questionado. Ao invés de descurar, critica mesmo sua sintaxe.

3. Se alguma outra pessoa proferir algo indisputavelmente inteligente, ou não dá atenção a isso, ou interrompe-a, ou distrai a atenção dos demais, ou, caso antecipes para onde está se encaminhando, sê rápido e dize-o antes dela, ou, se ela lograr dizê-lo antes, e perceberes que os circunstantes o apreciaram, reconhece-o como algo interessante e acrescenta o comentário de que aquilo já havia sido pontificado por *Bacon*, *Locke*, *Bayle* ou algum outro autor eminente; destarte o destituis da reputação que granjearia com isso, e ganha alguma tu mesmo com a mostra de teu grande saber e de tua poderosa memória.

4. Quando, por algumas vezes, homens modestos tiverem sido tratados dessa forma por ti, decidirão permanecer calados em tua presença; assim, poderás brilhar sem temer rival, ao mesmo tempo que lhes ridiculariza a obtusidade que te proverá nova fonte de espirituosidade.

5. Assim garantirás tua satisfação contigo mesmo. O homem polido procura agradar os *outros*, mas deves superá-lo até mesmo nisso.

Um homem só pode estar presente quando na companhia de alguma outra pessoa, mas paralelamente pode estar ausente em vinte. Ele pode agradar apenas onde está, tu podes agradar onde quer que *não estejas*.

The Pennsylvania Gazette
15 de novembro de 1750

Modelo de carta de recomendação

Senhor,

O portador desta, ora dirigindo-se para a América, pressiona-me para que vos enderece uma carta de recomendação, embora nada saiba sobre ele, nem mesmo seu nome. Isso talvez soe extraordinário, mas posso assegurar-vos que não é de forma alguma incomum por aqui. De fato, algumas vezes uma pessoa desconhecida traz-me outra, igualmente desconhecida, para que a recomende; e, algumas vezes, ambas recomendam-se, uma à outra! Quanto a este cavalheiro, devo remeter-vos a ele mesmo para ilustrar-vos quanto a seu caráter e mérito, com os quais deve ele certamente estar muito mais familiarizado do que eu jamais poderei estar; recomendo-o, todavia, como repositório daquelas civilidades que qualquer estranho, do qual nada se saiba de mal, tem o direito de receber; requisito ainda que lhe conceda todos os bons ofícios e dedique-lhe todos os favores que, após melhor conhecê-lo, julgueis ser ele merecedor.

Sou sinceramente... etc.

Paris, 2 de abril de 1777

Petição de uma irmã gêmea desprezada

Àqueles que têm a responsabilidade
de prover a educação

Endereço-me a todos os amigos da juventude e os convoco a dirigir sua compassiva atenção a meu infausto destino para que sejam removidos os preconceitos de que sou vítima. Somos duas irmãs gêmeas; e os olhos de um homem não são mais semelhantes entre si, nem são capazes de estar em melhores termos um com o outro do que estamos nós, minha irmã e eu, não fosse pela parcialidade de nossos progenitores, que sustentam as mais injuriosas distinções entre nós. Desde a minha infância tenho sido levada a considerar minha irmã como se pertencesse ela a categoria superior. Não tive, enquanto crescia, a menor instrução, ao passo que nada era poupado na educação dela. Mestres ensinavam-lhe a escrita, a pintura, a música e outros atributos; mas, se, por algum acidente, tocasse eu um lápis, uma pena ou agulha era severamente admoestada; e mais de uma vez fui castigada por ser desengonçada e carente de graças. A bem da verdade, minha irmã associava-se comigo em certas ocasiões, mas sempre fez questão de assumir a dianteira, convocando-me apenas por necessidade, ou para que figurasse a seu lado.

Mas não julguem, senhores, que minhas queixas sejam instigadas meramente pela vaidade. Não, minha inquietação decorre de objeto muito mais sério. É costume assumido em nossa família que toda a labuta que leve à provisão de sua subsistência recaia sobre minha irmã e eu. Se qualquer indisposição acometer minha irmã – e devo ora mencionar reservadamente que ela é predisposta à gota, ao reumatismo e a câimbras, sem citar outros acidentes –, qual seria o destino de nossa pobre família? Não deveria ser o lamento de nossos pais tanto mais angustiado por terem imposto tamanha diferença de tratamento entre irmãs, de outra maneira tão perfeitamente iguais? Infelizmente, pereceremos pela necessidade, pois não estará em meu poder nem mesmo o escrevinhar uma petição de misericórdia, tendo sido obrigada a empregar a mão de outrem mesmo para transcrever a petição que ora tenho a honra de lhes dirigir.

Aquiesçam, senhores, em conscientizar meus pais da injustiça de uma ternura exclusiva, e da necessidade de distribuir seu cuidado e afeição a toda a sua prole, em proporções iguais.

Sou, senhores, com profundo respeito, vossa obediente serva,

A MÃO ESQUERDA.

1785

Meditações sobre uma caneca

Lamentável, miserável e infeliz caneca! Lastimo teu desafortunado destino, condôo-me por teus infortúnios, tuas penas enchem-me de compaixão, e fazes-me freqüentemente aflorar lágrimas em meus olhos.

Quão amiúde a tenho visto obrigada a permanecer no balcão de um bar, por nenhum outro crime que não o de estar vazia; é então agarrada por um grosseiro funcionário e abruptamente jogada em uma tina de água gelada: triste espetáculo, um emblema da penúria humana oprimida pelo poder arbitrário! Quão freqüente é ela mergulhada em uma adega abismal, e trazida de volta totalmente cheia e cercada por suor gelado, só para que uma rude mão a arremesse ao fogo! Quão freqüentemente via forçada a sofrer as indignidades de uma imunda rapariga do campo: a experimentar velas derretidas sobre seus flancos nus e, por vezes, em sua boca, arriscando-se assim a ser quebrada em mil pedaços por ações sobre as quais não tinha qualquer culpa! Quão amiúde é ela coagida a privar da companhia de bêbados barulhentos que lançam toda sua incoerência, balbúrdia, palavrões, praguejamento e litigância sobre a inocente caneca que não enuncia nem uma única palavra! Eles viram-na de cabeça para baixo, aleijam-na e, algumas vezes, a utilizam como arma, de ataque ou defesa, conforme queiram; e isso quando, por ela mesma, não defende nenhum partido, antes permaneceria imóvel. Ó céus! Que poder ou lugar poderia garantir a esta pobre caneca, esta desvalida escrava, remissão de suas penas e sofrimentos? Ou onde receberia uma palavra de louvor pelos seus bons feitos e fiéis serviços? Se for verificado que é de tamanho grande, seu proprietário a amaldiçoará e afirmará que ela devora mais do que ganha; caso seja de tamanho pequeno, aqueles a quem seu senhor a entrega também a amaldiçoarão e, talvez, a ameacem com uma investigação sobre a correção de seus padrões. Pobre caneca, desafortunada é tua condição! Por ti mesma, jamais farias mal algum, mas muito mal é feito por meio de ti! És acusada de muitos pecados; diz-se de ti que és responsável pela embriaguez, pela intoxicação e por crânios rachados. Mas ninguém te louva pelas boas coisas que trazes! Produzes dupla cerveja, cerveja forte, cidra destilada ou doce, ponche fino ou alegre licor; entretanto, por tudo isso não se louva a ti, mas sim às próprias ricas bebidas que, embora provenientes de teu interior, dir-se-á serem alheias a ti! E, no entanto, tão infeliz é teu destino que delas deves arcar todas as faltas e abominações! Se estás industriosamente servindo a teus patrões com licor ou ponche, prontamente despacham-te com cidra, a partir do que passas a ser criticada por cheirar a rum. Se estás graciosamente odorando seus narizes com cidra forte ou cerveja amanteigada, e assim te ofereces a refrescar seus paladares com a melhor cerveja, amaldiçoar-te-ão por estares gordurosa. E como – ó céus! – poder-se-ia tornar tua ocupação mais tolerável para ti? Caso te submetas à limpeza na cozinha, o que podes esperar da áspera areia, das cinzas quentes e de um farpado pano de prato a não ser o perigo de ter teus lábios rudemente gretados, teu perfil desfigurado, tua asa quebrada e toda tua estrutura abalada por violentas batidas em uma bacia de ferro ou chaleira de bronze! Ademais, ó caneca, se de tais perigos escapardes com apenas poucas injúrias, deverás, afinal, de modo prematuro, cair e ser feita em pedaços, ser jogada fora e nunca mais ser recolhida e montada como uma caneca. Seja pelo fogo, ou em uma batalha, ou engasgada por um pano de prato, ou por um golpe contra uma pedra, de qualquer dessas coisas que decorra tua dissolução, são elas todas semelhantes para teu avaro proprietário; ele se dói não por ti, mas pelos tostões com que te comprou! Se, por acaso, teus fundilhos sobreviverem, serão preservados para a sustentação de pedaços de vela, ou cera para sapatos, ou bálsamos para calcanhares machucados; mas todos os teus outros membros estarão para sempre enterrados em algum buraco lamacento; ou, menos cuidadosamente rejeitados, de forma tal que criancinhas, ainda não chegadas a atos de crueldade, podem coletá-los para mobiliar suas casas de brinquedo; ou, se jogados sobre o monte de lixo, serão transportados para alguma pradaria onde serão dispersados e daí, se encontrados, jogados em uma pilha de pedras, ossos e dejetos; ou, caso sejam lá deixados até que um camponês com seu alfanje os encontre, serão então, com rudes maldições, atirados por sobre a cerca; e daí utilizados por meninos sem posses que os atiram sobre pássaros e cães; até que, com o transcorrer do tempo e de numerosos acidentes, voltarão ao seio de sua Mãe Terra, e serão, então, convertidos em seus elementos originais.

The Pennsylvania Gazette
19 de julho de 1733

UMA FÁBULA

Era uma vez um oficial, homem valoroso, chamado Montrésor, que estava muito enfermo. Seu pároco, supondo que fosse morrer, aconselhou-o a fazer as pazes com Deus, de forma tal que pudesse ser recebido no Paraíso. "Não me sinto muito ansioso para tanto", disse Montrésor, "pois tive uma visão na noite passada que me deixou inteiramente tranqüilo". "Que visão foi esta?", perguntou o bom padre. "Estava no portão do Paraíso", disse ele, "com uma multidão de pessoas que queriam entrar. E São Pedro perguntava a cada uma delas a que religião pertencia. Um respondeu: 'Sou católico romano'. 'Muito bem', disse São Pedro, 'entre e tome seu lugar lá entre os católicos'. Outro disse pertencer à Igreja Anglicana. 'Muito bem', disse São Pedro, 'entre e tome seu lugar lá entre os anglicanos'. Outro disse ser quacre. 'Muito bem', disse

São Pedro, 'entre e tome seu lugar entre os quacres'. Finalmente, perguntou-me a que religião eu pertencia. 'Ó Céus!', repliquei, 'desafortunadamente, o pobre Jacques Montrésor não pertence a nenhuma'. 'É uma pena', disse o santo, 'Não sei para onde encaminhá-lo, mas entre mesmo assim e simplesmente arranje um lugar para você, onde quer que ache um'".

1779

AUTO-EPITÁFIO DE UM EDITOR

Aqui jaz, alimento para vermes,
O corpo de
B. Franklin,
Editor,
Tal como capa de alfarrábio
De páginas devastadas,
Despojada de letras e adornos.
Mas a obra não foi totalmente perdida:
Como ele acreditava, mais uma vez ressurgirá,
Em nova e aperfeiçoada edição,
Corrigida e ampliada
Pelo autor.
Nascido em 6 de janeiro de 1706
Morto em 17_____

1728

Poor Richard

(Seleção de máximas publicadas entre 1733 e 1758.)

1. Carteira leve, coração pesado.
2. Louco é quem faz de seu médico seu herdeiro.
3. Tolos promovem banquetes, sábios os desfrutam.
4. Acautela-te contra médicos jovens e barbeiros velhos.
5. Após três dias, os homens enfastiam-se de raparigas, hóspedes e tempo chuvoso.
6. O que prova o ouro é o fogo, o que prova uma mulher é o ouro, o que prova o homem é a mulher.
7. Aquele que se deita com cães, levantar-se-á com pulgas.
8. O coração de um tolo está em sua boca, mas a boca de um sábio está em seu coração.

9. O melhor médico é aquele que conhece a inutilidade da maior parte dos remédios.
10. Não existe inimigo pequeno.
11. O velho deu tudo a seu filho: tolo! Despir-se antes de ir para a cama...
12. Incensa um vilão e ele apunhalar-te-á; apunhala-o e ele te incensará.

1734
13. Melhor escorregar com o pé do que com a língua.
14. Onde existe casamento sem amor, ocorrerá amor sem casamento.
15. Cebolas podem fazer chorar até mesmo herdeiros e viúvas.
16. Um imbecil instruído é maior do que um ignorante.
17. Casa teu filho quando quiseres e tua filha quando puderes.

1735
18. Três podem manter um segredo, caso dois tenham morrido.
19. Um homem nunca chega a ser tão ridículo pelas qualidades que tem quanto por aquelas que afeta ter.

20. Ser humilde perante superiores é dever; perante iguais é cortesia; diante de inferiores é nobreza.
21. Ela ri de tudo o que dizes. E por quê? Porque tem belos dentes.
22. Aí vem o orador! Com seu dilúvio de palavras e sua gota de razão.

1736

23. Aquele que não tem estúpidos, rameiras ou mendigos entre seus parentes é filho de um pé de vento.
24. A Admiração é filha da Ignorância.
25. Por que a mulher de um cego se pinta?
26. O ausente nunca deixa de ter faltas, assim como o presente nunca deixa de ter desculpas.
27. Credores têm melhor memória que devedores.
28. Ninguém é enganado a não ser aquele que crê.
29. Deus cura e o médico recebe os honorários.
30. A boca de Mary não lhe custa nada, pois sempre a abre à custa de outros.
31. Vi poucos morrerem de fome. Vi cem mil morrerem pelo que comeram.

1737

32. O maior monarca, no mais orgulhoso trono, é obrigado a sentar-se sobre seu traseiro.

33. Um cidadão entre dois advogados é como um peixe entre dois gatos.

34. Amor, tosse e fumaça não podem ser facilmente ocultados.

35. Não existem amores feios, nem prisões bonitas.

36. Dizes a um avaro que ele é rico e a uma mulher que ela é velha, não receberás dinheiro do primeiro, nem favores da segunda.

1738

37. Existem três amigos de todas as horas: uma esposa madura, um cão velho e dinheiro corrente.

38. Quem te enganou tão freqüentemente quanto tu mesmo?

39. Existe algo a que o Homem se dedique tão arduamente quanto a se tornar infeliz?

40. Escreve conforme o letrado, fala conforme o vulgo.

41. Mantém teus olhos bem abertos antes do casamento e meio fechados depois de casado.

42. Se não consigo governar minha própria língua, embora enclausurada por meus próprios dentes, como posso esperar governar a língua de outros?

43. A leitura torna o homem completo, a meditação torna-o profundo, o discurso torna-o claro.

44. Come para satisfazer a ti, mas veste-te para satisfazer aos outros.

1739

45. Aquele que se enamora de si mesmo não enfrenta rivais.

46. Bem-aventurado é aquele que nada espera, porque não será desapontado.

1740

47. Examina os homens, e a ti mais do que a qualquer um.

48. Não louva, nem reprova até que sete Natais tenham-se passado.

1741

49. Aprende com os habilidosos: aquele que ensina a si mesmo tem um tolo por mestre.

50. Se de um inimigo guardas teu segredo, não o contes a um amigo.

1742

51. Estranho que um homem que tenha espírito suficiente para escrever uma sátira tenha loucura suficiente para publicá-la.
52. Nenhum trabalhador sem ferramentas ou advogado sem tolos pode desempenhar seu ofício.
53. Aquele que semeia espinhos não deve sair de pés descalços.
54. A morte não aceita propinas.
55. Um bom marido vale duas boas esposas, pois um bem é tão mais valioso quanto mais escasso.

1743

56. O mundo está cheio de tolos e fracos de caráter. No entanto, todos têm coragem suficiente para suportar as agruras e sabedoria suficiente para gerenciar os negócios do próximo.
57. A experiência dirige uma escola cara. No entanto, tolos não aprendem em nenhuma outra.

1744

58. Ouve a Razão, ou ela se fará sentir.

59. Afasta-te da Oportunidade e Deus afastar-
te-á do Pecado.

1745

60. É tolo o que não consegue ocultar sua própria Sabedoria.

61. Aquele que compra, precisa de cem olhos.
Mas um é suficiente para aquele que vende.

1746

62. É a coisa mais fácil do mundo para um homem enganar a si mesmo.

63. O vício sabe que é feio, por isso usa más-
caras.

1747

64. De que vale tua paciência se não a encon-
tras quando precisas dela?

65. Uma multidão é um monstro cheio de ca-
beças e sem cérebro.

1748

66. As Musas amam a manhã.

67. Quão feliz é aquele que satisfaz seu apetite com qualquer comida, sua sede com qualquer bebida; agrada seus ouvidos com qualquer música; delicia seus olhos com qualquer pintura, qualquer escultura, qualquer arquitetura; distrai sua mente com qualquer livro ou qualquer companhia. Quantas mortificações deve sofrer aquele que não suporta nada além de beleza, ordem, elegância e perfeição! *Todo homem de bons gostos nada mais é que um homem com* desgostos.

1749

68. O fim da Paixão é o início do Arrependimento.

69. Se a Paixão dirige a carruagem, deixa que a Razão segure os arreios.

70. Diz-se que o Orgulho é o último vício do qual se livra o homem de bem. É multiforme Proteu e se disfarça sob todo o tipo de aparências, usando por vezes até mesmo a máscara da *humildade*. Se alguns são orgulhosos de seu asseio e apuro no vestir, outros o são justamente por desprezarem

COMO ESCOLHER AMANTES

essas coisas e por representarem o perpé-
tuo desleixado.

71. Todos querem viver muito, mas ninguém
quer ficar velho.

72. Nove homens em dez são suicidas.

73. Um homem apaixonado monta um cavalo
louco.

1750

74. Existem três coisas extremamente duras:
aço, diamantes e conhecer-te a ti mesmo.

75. Muitos pensam estar comprando prazeres
quando na verdade estão se vendendo como
escravos a ele.

76. É difícil (embora glorioso) ser pobre e ho-
nesto. Um saco vazio dificilmente fica em
pé; mas, se fica, é um bem robusto!

77. Que admirável invenção é a escrita, pela
qual o Homem pode expressar sua mente
sem abrir a boca a uma distância de mil lé-
guas e mesmo para épocas futuras, com o
simples auxílio de 22 letras,[6] que podem ser
combinadas de 5.852.616.738.497.664.000

---

6 Possivelmente, referência ao alfabeto fenício original, com-
posto por 22 letras.

maneiras e exprimirão todas as coisas em um espaço exíguo. Pena que essa Arte extraordinária não tenha preservado o nome ou a memória de seu inventor.

78. Gênio sem educação é como prata na mina.

79. *Tim* era tão ilustrado que poderia nomear "cavalo" em nove línguas; tão ignorante que comprou uma vaca para cavalgar.

1751

80. Muitos seriam piores se suas posses fossem melhores.

81. Aquele que tem consciência do fedor de seus fundilhos se irrita por qualquer franzido no nariz do próximo.

82. A maior parte das pessoas retribui pequenos favores, reconhece favores médios e paga os grandes com ingratidão.

83. Não julgues a fortuna ou a piedade de um homem pela sua aparência domingueira.

84. A amizade aumenta com a visita a amigos; mas visitas raras...

85. Se os bens mundanos não podem evitar minha morte, que pelo menos não me afastem da Vida Eterna.

1752

86. Um irmão pode não ser um amigo, mas um amigo sempre será um irmão.

87. O sucesso arruinou muitos homens.

1753

88. Quanto mais alguém entende o mundo, menos gosta dele.

89. Aquele que sustenta a opinião de que o dinheiro pode fazer tudo, pode bem ser suspeito de fazer tudo por dinheiro.

90. Caso não tenhas mel em teu pote, tenha algum em tua língua.

1754

91. Corta as asas de tuas galinhas e de tuas esperanças, do contrário levar-te-ão a uma cansativa corrida atrás delas.

92. O gato que usa luvas não pega ratos.

93. Ama teu vizinho, mas não derruba a cerca.

94. Nos negócios deste mundo os homens são salvos não pela fé, mas pela falta dela.

95. O tolo versado escreve suas bobagens em melhor linguagem que o não ilustrado. Mas ainda são bobagens.

1755

96. O lobo muda sua pele uma vez por ano, mas nunca sua disposição.
97. Uma longa vida pode não ser boa o suficiente; mas uma boa vida é longa o suficiente.

1756

98. Leis *muito brandas* são raramente obedecidas; *muito severas*, raramente aplicadas.
99. *Dizer* e *Fazer* brigaram e se divorciaram.

1757

100. Nada seca mais rápido que uma lágrima.
101. É impolido mandar que um tolo se cale; é cruel deixá-lo prosseguir.
102. O Homem empenha-se mais para mascarar seus erros do que para corrigi-los.

1758

103. Nem sempre o silêncio é sinal de sabedoria; mas tagarelice é sempre marca de estupidez.
104. O primeiro erro na vida pública é entrar nela.
105. Em tempos corrompidos, organizar o mundo gera confusão; cuida, portanto, de tua própria vida.

SOBRE O LIVRO

Formato: 11,5 x 18 cm
Mancha: 19,6 x 38 paicas
Tipologia: Adobe Jenson Regular 13/17
Papel: Pólen Soft 80 g/m^2 (miolo)
Couchê 120 g/m^2 encartonado (capa)
1ª *edição*: 2006

EQUIPE DE REALIZAÇÃO

Edição de textos
Mauricio Baptista (Copidesque)
Heidi Strecker (Preparação de Original)
Regina Machado (Revisão)

Capa
Moema Cavalcanti

Editoração Eletrônica
Join bureau (Diagramação)